外国人技能実習管理マニュアル

社会保険労務士

鈴木 政司 編著

年友企画

はじめに ———————————————————————————— 4
　入管法・技能実習法関連の年表 ··· 5

第1章　技能実習制度の概要 ————————————————— 7
　第1節　技能実習法のポイント ··· 7
　第2節　技能実習の実施に必要な手続の流れ ··· 9

第2章　技能実習法の目的・定義等 ———————————— 23
　第1節　技能実習法の目的（技能実習法第1条） ·································· 23
　第2節　定義（技能実習法第2条） ··· 23
　第3節　基本理念（技能実習法第3条） ··· 26
　第4節　国および地方公共団体の責務（技能実習法第4条）···················· 26
　第5節　実習実施者、監理団体等の責務（技能実習法第5条）·················· 27
　第6節　技能実習生の責務（技能実習法第6条） ································· 27
　第7節　基本方針（技能実習法第7条） ··· 27

第3章　技能実習計画の認定等 ———————————————— 28
　第1節　技能実習計画の認定（技能実習法第8条） ······························ 28
　第2節　技能実習計画の認定基準（技能実習法第9条） ························· 40
　第3節　認定の欠格事由（技能実習法第10条） ·································· 71
　第4節　技能実習計画の変更（技能実習法第11条） ····························· 73
　第5節　機構による認定の実施（技能実習法第12条） ··························· 86
　第6節　報告徴収等（技能実習法第13条・第14条） ····························· 87
　第7節　改善命令等（技能実習法第15条） ······································· 87
　第8節　認定の取消し等（技能実習法第16条） ·································· 88
　第9節　実施の届出（技能実習法第17条・第18条） ····························· 88
　第10節　技能実習実施困難時の届出等（技能実習法第19条）··················· 89
　第11節　帳簿の備付け（技能実習法第20条） ···································· 90
　第12節　実施状況報告（技能実習法第21条） ···································· 91
　第13節　留意事項 ··· 92

第4章　監理団体の許可等 ————————————————— 95
　第1節　監理団体の許可（技能実習法第23条・第24条）························· 95
　第2節　監理団体の許可基準（技能実習法第25条）····························· 101
　第3節　許可の欠格事由（技能実習法第26条） ································· 129
　第4節　職業安定法の特例等（技能実習法第27条） ····························· 130
　第5節　監理費（技能実習法第28条） ··· 131

第6節　許可証（技能実習法第29条）……………………………………………………… 133
第7節　許可の条件（技能実習法第30条）………………………………………………… 133
第8節　許可の有効期間等（技能実習法第31条）………………………………………… 134
第9節　変更の許可等（技能実習法第32条）……………………………………………… 135
第10節　技能実習実施困難時の届出等（技能実習法第33条）…………………………… 140
第11節　事業の休廃止（技能実習法第34条）……………………………………………… 141
第12節　報告徴収等（技能実習法第35条）………………………………………………… 142
第13節　改善命令等（技能実習法第36条）………………………………………………… 142
第14節　許可の取消し等（技能実習法第37条）…………………………………………… 143
第15節　名義貸しの禁止（技能実習法第38条）…………………………………………… 144
第16節　認定計画に従った実習監理等（技能実習法第39条）…………………………… 144
第17節　監理責任者の設置等（技能実習法第40条）……………………………………… 145
第18節　帳簿の備付け（技能実習法第41条）……………………………………………… 146
第19節　監査報告および事業報告（技能実習法第42条）………………………………… 150
第20節　個人情報の取扱いと秘密保持義務（技能実習法第43条・第44条）………… 150
第21節　留意事項……………………………………………………………………………… 151

第5章　技能実習生の保護 ──────────────────────── 154
第1節　禁止事項（技能実習法第46条～第48条）………………………………………… 154
第2節　出入国在留管理庁長官および厚生労働大臣に対する申告（技能実習法第49条）…… 155

第6章　補則 ────────────────────────────── 157
第1節　指導および助言等（技能実習法第50条）………………………………………… 157
第2節　連絡調整等（技能実習法第51条）………………………………………………… 158
第3節　技能実習評価試験（技能実習法第52条）………………………………………… 159
第4節　事業所管大臣への要請および事業協議会（技能実習法第53条・第54条）…… 160
第5節　他の法律の規定に基づく措置の実施に関する要求等（技能実習法第55条）……… 160
第6節　地域協議会（技能実習法第56条）………………………………………………… 160

第7章　養成講習 ──────────────────────────── 162

第8章　違法行為の防止・摘発および違法行為に対する行政処分 ─────── 163
第1節　実習実施者、監理団体等への指導・助言等（技能実習法第50条）…………… 163
第2節　機構による実地検査（技能実習法第14条、第16条）…………………………… 163
第3節　実習実施者に対する指導監督（技能実習法第13条、第15条・第16条）……… 163
第4節　監理団体に対する指導監督（技能実習法第35条～第37条）…………………… 164

第9章　罰則・様式一覧 ──────────────────────── 166
罰則 ……………………………………………………………………………………………… 166
省令様式一覧 ………………………………………………………………………………… 170
参考様式一覧 ………………………………………………………………………………… 171

（参考）　入管法による出入国管理規制の概要 ───────────────── 174

はじめに

　本書のテーマである技能実習制度は、当初、「出入国管理及び難民認定法」（以下、「入管法」という）において、在留資格「研修」の修了者が技能実習生として「特定活動」の在留資格で1年間労働することができるという制度内容（研修1年＋技能実習1年）により、平成5（1993）年4月に開始されました。

　その後、技能実習期間の延長等の対応が図られる一方、制度としては、

① 実習実施者や監理団体の義務・責任が不明確であり、実習体制が不十分
② 民間機関である公益財団法人国際研修協力機構（JITCO：現在は国際人材協力機構に改称）が法的権限がないままに巡回指導を実施
③ 技能実習生の保護体制が不十分
④ 所管省庁等の指導監督や連携体制が不十分
⑤ 保証金を徴収している等の不適正な送出機関が存在

といった課題が指摘されてきました。

　このため、開発途上地域等の経済発展を担う「人づくり」に協力することによって、わが国の国際貢献を図るという制度の趣旨を徹底する目的で、平成28（2016）年11月に、「外国人の技能実習の適正な実施及び技能実習生の保護に関する法律」（以下、「技能実習法」という。同法施行規則については「則」と略称）が公布され、翌年11月に施行されました。その改正内容は、実習実施者や監理団体への管理監督体制を強化するとともに、優良な実習実施者や監理団体に対する制度の拡充策として、

① 実習期間（最長3年間から5年間へ）の延長
② 受入れ人数枠の拡大
③ 対象職種の拡大

などが図られて、今日に至っています。

　技能実習生は、入国直後の講習期間以外は、雇用関係のもとで、労働関係法令等が適用されており、令和3（2021）年6月末時点で全国に約35.4万人が在留しています。

　なお、本書では、入管法に基づく技能実習制度を「旧制度」、技能実習法に基づく同制度を「新制度」と呼びます。

　本書は、出入国在留管理庁・厚生労働省編の「技能実習制度 運用要領」（令和3（2021）年8月）のダイジェスト版として編集したものです。実習実施者や監理団体において技能実習に携わる関係者の皆さまのみならず、技能実習業務に関与される行政書士、社会保険労務士などの方々にも、本書を広く利用していただければ幸いです。

編著者

入管法・技能実習法関連の年表

年　月		内　容
昭和26（1951）年	11月	いわゆるポツダム命令※の一つとして「出入国管理令」の政令第319号で施行。
昭和57（1982）年	1月	入管法改正。企業単独型による外国人技能実習生の受入れ開始（在留資格は「留学生」の一形態として位置付け）。
平成2（1990）年	8月	入管法改正。在留資格「研修」の創設およびその基準の明確化。「研修」に係る審査基準を一部緩和する法務大臣告示の制定。団体監理型による外国人研修生の受入れが認められる。
平成3（1991）年	9月	法務、外務、労働、通商産業の四省共管による財団法人国際研修協力機構（JITCO）が設立（平成24（2012）年4月に公益財団法人に移行）。
平成5（1993）年	4月	在留資格「研修」修了者が技能実習生として「特定活動」の在留資格で1年間労働できるという、技能実習制度（研修1年＋技能実習1年）が作られた。
平成9（1997）年	4月	技能実習期間の延長（研修1年＋技能実習2年）。
平成21（2009）年	7月	改正入管法により、研修制度と技能実習制度が分離され、「技能実習」という在留資格が創設されて、受入れ企業等に対する管理強化を図る制度改革がなされる。
平成22（2010）年	7月	入管法改正。在留資格「技能実習」の開始。雇用契約に基づいて技能等を修得する活動を行うことの義務化等。
平成24（2012）年	7月	外国人登録法の廃止、「住民基本台帳法の一部を改正する法律」の施行（新しい在留管理制度の開始）。
平成28（2016）年	11月	「外国人の技能実習の適正な実施及び技能実習生の保護に関する法律（技能実習法）」公布。
平成29（2017）年	1月	外国人技能実習機構の設立。
	11月	「技能実習法」施行。
平成30（2018）年	12月	「出入国管理及び難民認定法及び法務省設置法の一部を改正する法律」が公布され、在留資格「特定技能1号」「特定技能2号」が創設、出入国在留管理庁が設置される。
令和2（2020）年	4月	JITCOが日本語法人名称を「国際人材協力機構」に改称。

※「ポツダム宣言の受諾に伴い発する命令に関する件に基づく外務省関係諸命令の措置に関する法律」（昭和27（1952）年4月28日公布）に基づく一連の命令の総称。

はじめに

「技能実習制度運用要領」の詳しい内容につきましては、本文に委ねますが、ここでは技能実習制度の基本的な考え方を2点、紹介しておきたいと思います。

1点目は、技能実習生は言うまでもなく、わが国からみれば外国人の労働者です。しかしながら、わが国で就労する労働者であるという点では、外国人であるか、日本人であるかの違いはありません。したがって、次のような処遇を受けることとされています。

① 入国直後の講習期間以外は、外国人労働者である技能実習生にも、日本人労働者に適用される労働基準法等の労働関係法令が、すべて同様に適用されること。

② ①に加えて、40頁以降で説明している技能実習計画の認定との関連でいえば、技能実習生が母国を離れてわが国に入国した外国人労働者であることを踏まえ、微に入り細を穿った厳しい認定基準が定められていて、それらをすべて遵守しなければならないこと。たとえば、技能実習生の宿泊施設については、「寝室は、床の間・押入を除き、1人あたり4.5㎡以上を確保することとし、個人別の私有物収納設備、床面積の7分の1以上の有効採光面積を有する窓および採暖の設備を設ける措置」が求められているといった次第です。

2点目は、技能実習制度の受入れ方式の区分において95％以上を占めている団体監理型技能実習には、次のような特徴があります。

① 運営の中心的な役割を担う監理団体は、営利を目的としない法人であること。

② 団体監理型の実習実施者は、経営資源に乏しい中小・零細企業が大半であること。

③ 監理団体は、実習実施者が技能実習生ごとに技能実習計画を作成するにあたり、指導を行うことが求められていること。

④ 監理団体は、実習実施者が認定を受けた技能実習計画どおりに技能実習等を行っているか等につきチェックを行う実習監理を厳密に行い、仮に不適切な事例があれば、その是正を図ることもミッションとされていること。

⑤ 監理団体は、技能実習生からの相談に適切に応じることも求められていること。

すなわち、団体監理型技能実習においては非営利活動法人である監理団体が中心となって、監理団体に所属する監理責任者等のスタッフ、中小・零細企業が大半を占める実習実施者に所属する技能実習責任者、技能実習指導員、生活指導員等の各スタッフが、技能実習法令等の法令遵守はいうまでもなく、きめ細かくその運営にあたっていくことが求められているということになります。

なお、技能実習制度では、計100前後の省令様式や参考様式が指定されています。本書では紙幅の関係でそれらの様式の一部しか掲載・紹介できませんでしたので、その一覧表を第9章に掲載しています。実務にあたっては、この一覧表で確認して必要な様式を外国人技能実習機構のホームページ（https://www.otit.go.jp）からダウンロードして利用してください。

また、本書の巻末には、参考として、わが国の入管法による出入国管理規制の概要を紹介しています。必要に応じて参照してください。

第1章　技能実習制度の概要

第1節　技能実習法のポイント

　技能実習法は、平成28（2016）年11月18日に成立し、同月28日に公布されました。この法律は、それまで入管法令によって在留資格の一つである「技能実習」に係る要件等とされていた種々の規定を取りまとめ、さらに抜本的な見直しを行って、新たに技能実習制度の基本法として制定されたものです。

　技能実習法に基づく現行の技能実習制度においても、入管法に基づく従前の制度と同様、企業単独型技能実習と団体監理型技能実習の2つの形態の技能実習が認められており、主な内容は次のとおりです。

▶外国人技能実習機構の設立

　技能実習法に基づき、認可団体 外国人技能実習機構（Organization for Technical Intern Training＝OTIT、以下「機構」という）が設立されました。機構は、技能実習計画の認定、実習実施者の届出の受理、監理団体の許可申請の受理等をはじめ、実習実施者（技能実習を行わせようとする企業等）や監理団体に対する指導監督（実地検査・報告徴収）や、技能実習生からの申告・相談に応じるなどの業務を行っています。

　機構は、東京に本部事務所をおくほか、全国13か所（札幌、仙台、水戸、東京（本部事務所とは別に地方事務所も開設）、長野、富山、名古屋、大阪、広島、高松、松山、福岡、熊本）の地方事務所・支所において業務を行っています。

▶技能実習制度の認定制

　現行の技能実習制度では、実習実施者は、技能実習計画を作成し、その技能実習計画が適当である旨の認定を受けなければなりません。認定を受けるにあたって、技能実習計画に記載しなければならない事項や、申請の際の添付書類が、技能実習法およびその関連法令で規定されています。

　ただし、認定を受けた場合であっても、その後に認定の基準を満たさなくなった場合や、認定計画のとおりに技能実習が行われていない場合等には、実習認定の取消しが行われることになります。

　また、技能実習計画は、技能実習生ごとに、第1号、第2号および第3号の区分を設けて認定を受けることになっていて、特に第3号技能実習計画に関しては、実習実施者が、「技能等の修得等をさせる能力につき高い水準を満たすものとして主務省令で定める基準に適合していること」が認定の基準になります。第2号技能実習および第3号技能実習を行うためには、移行対象職種・作業であることが必要です。

　なお、複数職種・作業による技能実習、複数法人による技能実習が可能です。

　また、認定の申請は、機構の地方事務所・支所の認定課で行います。

▶実習実施者の届出制

　技能実習法により、実習実施者が技能実習を開始したときは、遅滞なく届け出なければなりません。この届出は、機構の地方事務所・支所の認定課に行います。

▶監理団体の許可制

　監理事業を行おうとするものは、主務大臣である法務大臣と厚生労働大臣の許可を受けなければならず、監理団体として満たさなければならない要件が、技能実習法およびその関連法令で規定されています。

　ただし、許可を受けた場合であっても、その後、許可の基準を満たさなくなった場合には、監理事業の全部または一部の停止や、監理事業の許可の取消しが行われることがあるので、常に法令等の基準を満たして監理事業を適切に行うことが必要です。

　なお、監理団体の許可には、一般監理事業の許可と特定監理事業の許可の2つがあり、一般監理事業の許可を受ければ第1号から第3号までのすべての段階の技能実習に係る監理事業を行うことができます。また、特定監理事業の許可を受ければ第1号および第2号技能実習に係る監理事業を行うことができます。

　この認可の申請は、機構の本部事務所の審査課で行い、最終的な許否の判断は主務大臣である法務大臣と厚生労働大臣によって行われます。

▶技能実習生の保護

　技能実習生の保護のため、技能実習の強制、違約金の設定、旅券（パスポート）または在留カードの保管等に対する禁止規定が法律に定められているほか、これに違反した場合の罰則に関する規定が定められています。

　また、実習実施者または監理団体に法令違反があった場合、技能実習生がその事実を出入国在留管理庁長官および厚生労働大臣に通報・申告することができることになっていて、技能実習生からの相談に応じる体制が整備されています。

▶二国間取決めに基づく送出国による送出機関の認定

＜送出機関の定義＞

　送出機関は、監理団体に対して求職の申込みを取り次ぐか否かで、外国の送出機関と外国の準備機関の2つに分けられます。

　外国の送出機関というのは、技能実習生が国籍または住所を有する国または地域の所属機関や、団体監理型技能実習生になろうとする者からの団体監理型技能実習に係る求職の申込みを、わが国の監理団体に取り次ぐものをいいます。

　一方、外国の準備機関とは、技能実習生になろうとする者の外国における準備に関与す

る外国の機関をいい、たとえば、外国で技能実習生になろうとする者が所属していた会社や、技能実習生になろうとする者を広く対象とするような日本語学校を経営する法人、旅券（パスポート）や査証（ビザ）の取得代行手続を行うものなどが含まれます。

　なお、外国の送出機関のうち、認定申請を行おうとする技能実習計画に係る技能実習生の求職の申込みを実際に監理団体に取り次ぐ送出機関を、取次送出機関といいます。

＜送出機関の適正化＞

　技能実習生の選抜には、現地の事情に精通している送出機関が重要な役割を担っています。これまで失踪防止等を名目として、技能実習生本人やその家族等から保証金の徴収等をしている不適正な送出機関や、この制度の趣旨や目的を理解せず、技能実習を単なる出稼ぎととらえて来日する技能実習生の存在が指摘されているところであり、技能実習制度の適正な運用のためには、送出機関の規制強化等の適正化を図ることが求められています。

　このような状況を受け、監理団体の許可にあたって、技能実習生になろうとする者からの求職の申込みを取り次ぐ外国の送出機関について、省令で定められる要件に適合することを求めることとし、送出機関の規制強化が図られました。

＜二国間取決めに基づく送出国政府による送出機関の認定＞

　また、外国の送出機関については、外国に所在しているので、わが国ではその適否を確認できないという問題があるため、現行制度では、わが国政府と送出国政府との間で二国間取決めを順次作成することとし、各送出国政府において自国の送出機関の適格性を個別に審査し、適正なもののみを認定する仕組みを構築することとしています。認定された送出機関名については、法務省および厚生労働省のホームページのほか、機構のホームページに国ごとに掲載しています。

第2節　技能実習の実施に必要な手続の流れ

　実習実施者が団体監理型技能実習を行う場合は、監理団体から実習監理を受ける必要があり、その監理団体は監理事業の許可を受けている必要があります。

　技能実習の実施に必要な手続の流れ（第1号技能実習から第3号技能実習まで在留を継続したまま技能実習を行わせる場合）は、次頁の表のとおりです。

　なお、新型コロナウイルス感染症の感染状況を踏まえ、別途通知が発出されている場合があります。手続等を行う前に適宜、機構のホームページを参照してください。

技能実習の実施に必要な手続の流れ

時期の区分（横軸）：入国前（6か月前〜1か月前）／第1号技能実習（1か月前〜12か月前）／第2号技能実習（12か月前〜24か月前、1か月以上前）／第3号技能実習（24か月前〜1か月前）／受検

番号	手続名	手続窓口	時期・内容
1	技能実習計画認定申請（1号）	A	申請。標準審査期間　技能実習の開始予定日の4か月前までに申請。団体監理型の場合は、事前に監理団体に許可が必要
2	在留資格認定証明書交付申請（1号）	C	申請。標準審査期間 2週間　技能実習計画の認定後、速やかに行う
3	査証（ビザ）申請	D	申請。標準審査期間 5業務日　在留資格認定証明書の交付後、速やかに行う
4	技能検定等の受検（基礎級）	B	申込・受検。受検推奨時期　計画満了日の2か月前
5	技能実習計画認定申請（2号）	A	申請。標準審査期間 2〜5週間　技能実習計画の開始予定日の3か月前までに申請
6	在留資格変更許可申請（2号）	C	申請。標準審査期間 2週間　技能実習計画の認定後、速やかに行う
7	技能検定等の受検（3級・実技）	B	申込・受検。受検推奨時期　計画満了日の2〜6か月前
8	技能実習計画認定申請（3号）	A	申請。標準審査期間 2〜5週間　技能実習計画の開始予定日の3か月前までに申請
9	在留資格変更許可申請（3号）	C	申請。標準審査期間 2週間　技能実習計画の認定後、速やかに行う
10	一時帰国	‐	第2号技能実習の修了後または第2号技能実習の修了後引き続き第3号技能実習を開始してから1年以内（1か月以上1年未満）
11	技能検定等の受検（2級・実技）	B	申込・受検。受検推奨時期　計画満了日まで

合格判明後2週間以内に技能実習生から実習先変更の意向確認

（注1）手続窓口　A 機構地方事務所／B 機構本部／C 地方出入国在留管理局／D 在外日本国公館
（注2）審査期間は、提出書類の不備や申請内容の確認を要しない場合の標準的な期間を示したものであり、期間が前後することもある。
（注3）技能検定等の受検申込みは、機構本部に対して行うが、受検については各試験機関からの案内に従って行う。
（注4）上記の流れは、1号から3号まで在留を継続したまま技能実習を行わせる一般的な場合のものであり、新規入国が伴う場合には1号の場合と同様に2および3の手続が必要となる。

監理団体の許可の流れ

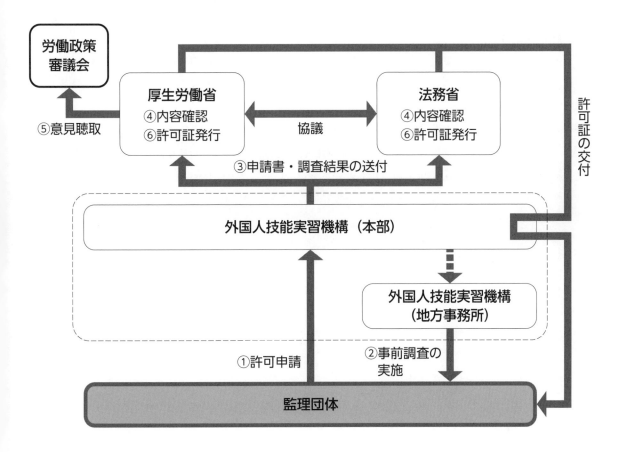

① **許可申請**

　技能実習の実習監理を行うためには、監理団体が監理事業の許可を得ていなければなりません。監理事業の許可の申請は、機構の本部事務所の審査課で受け付けています（機構の本部への郵送、または機構本部窓口への持参による方法で申請を受け付けます）。

　技能実習生と実習実施者との間の雇用関係の成立のあっせんを含む実習監理を行う予定の**3か月前まで**に申請を行うのがよいです。

② **事前調査の実施**

　申請書類の内容を確認するために、機構が調査を行います。

③ **申請書・調査結果の送付**

　機構から、法務省および厚生労働省に対し、申請書と調査結果が送付されます。

④ **内容確認**

　機構の調査結果をもとに、法務省および厚生労働省において内容を確認します。

⑤　労働政策審議会への意見聴取

　厚生労働省は、監理団体の許可について、労働政策審議会への意見聴取を行います。

⑥　許可証の発行

　②から⑤までの手続を経て、監理団体の許可が決定されて許可証が発行されます。法務大臣および厚生労働大臣名による許可証は、機構を介して申請者(監理団体)に交付されます。

⑦　許可後の報告、届出事項等

　監理団体は、許可を受けて実習監理を開始した後も、技能実習法で定められた報告、届出の手続を定められた様式に従って行う必要があります。その手続は次頁の表のとおりです。

届出・報告一覧（監理団体）

番号	様式	届出先	期限	方法・通数	備考（該当事例・留意点）
1	技能実習実施困難時届出書（省令様式第18号）	実習実施者の住所地を管轄する地方事務所・支所の認定課	届出事由発生後遅滞なく		実習監理する実習実施者について、実習認定の取消し、倒産等の経営上・事業上の理由があった場合、技能実習生について、病気やけが、実習意欲の喪失・ホームシック、行方不明があった場合など技能実習を受けさせることが困難となった場合に届出が必要。また、技能実習生が途中帰国する場合には、帰国する時点で決まった時点で帰国前の届出が必要。※第4章第10節技能実習実施困難時の届出等を参照。
2	監査報告書（省令様式第22号）	監査対象実習実施者の住所地を管轄する地方事務所・支所の指導課	監査実施日から2か月以内	・持参または郵送（対面で配達され、受領の際、押印または署名を行うもので信書を送ることができる方式に限る）	監理団体に事実習者に（実習実施者）に１度以上の頻度で（実習認定の取消し事由に該当する行為があったときは直ちに）実習実施者に対し監査を行い、その結果を報告することが必要。なお、決められた方式で行うことが必要。※第4章第19節監査報告および事業報告を参照。
3	許可取消し事由に該当事実に係る報告書（参考様式第3－3号）	監理団体の住所地を管轄する地方事務所・支所の指導課	報告事由発生後直ちに		許可の取消し事由（法第37条第1項各号）に該当する場合に報告が必要。※第4章第2節二重契約の禁止、法令違反時の報告を参照。
4	変更届出書（省令様式第17号）	本部事務所の審査課	変更事由発生後1か月以内	正本1通（5番を除く）	監理団体許可申請書の記載事項について変更が生じた場合に変更の届出が必要。なお、変更が許可証の記載事項に該当する場合は、5番の届出および許可証書換えの届出に関する事項を参照。※第4章第9節変更の届出を参照。
5	変更届出書及び許可証書換申請書（省令様式第17号）		変更事由発生後1か月以内	正本1通、副本2通（5番のみ）	4番に該当する場合で その変更が許可証の記載事項にも該当する場合には、この変更届出書および許可証書換申請書が必要。
6	事業廃止届出書（省令様式第19号）		廃止予定日の1か月前		監理事業を廃止したときは、監理事業を行うすべての事業所に係る許可証の返納が必要。
7	事業休止届出書（省令様式第19号）		休止予定日の1か月前		監理事業を休止した場合には、許可証の返納は必要ないが、事業所には掲示せず、亡失・滅失等のないように保管。※第4章第11節事業の休止停止を参照。
8	事業再開届出書（参考様式第3－2号）		再開予定日の1か月前		7番の届出書を提出したものについて再開する場合に届出が必要。
9	事業報告書（省令様式第23号）		毎年4月から5月末日まで		監理事業を行う事業所ごとに作成する。なお、許可区分が一般監理事業の場合は、許可様式第2－14号）の添付が必要。※第4章第19節監査報告および事業報告を参照。

第1号技能実習開始までの流れ（団体監理型技能実習の場合を例示）

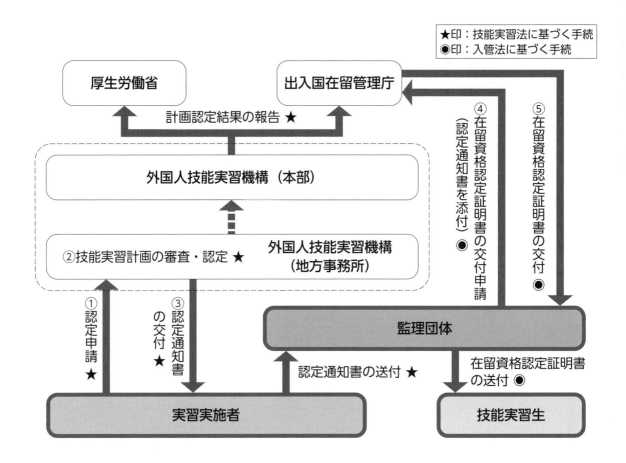

① **技能実習計画の認定申請**

　認定申請は、技能実習開始予定日の**6か月前から可能**です。また、原則として、開始予定日の**4か月前までに申請を行うことが必要**です。認定申請は、機構の地方事務所・支所の認定課で受け付けています（機構の地方事務所・支所への郵送、または機構の地方事務所・支所窓口への持参による方法で申請を受け付けます）。

　申請は、定められた様式によって行う必要があり、記載内容を確認するための添付書類等の提出も同時に必要となります。

　※技能実習開始予定日の4か月前を過ぎてから申請を行うと、技能実習の開始が予定日を超過してしまう可能性があります。申請は余裕をもったスケジュールで行います。

② **技能実習計画の審査・認定**

　申請された技能実習計画については、技能実習法に基づく基準に照らして審査が行われます。

③　認定通知書の交付

　認定の決定がされた場合は、機構から通知書が交付されます。不認定の決定がされた場合も同様に通知書が交付されます。

　※技能実習生が入国するためには、地方出入国在留管理局から在留資格認定証明書の交付を受けなければなりません。技能実習計画の認定通知書は在留資格認定証明書の交付申請に必要となります。以下④・⑤は入管法の手続になります。

④　在留資格認定証明書の交付申請

　第1号技能実習計画の認定通知書を添付書類として、地方出入国在留管理局に在留資格認定証明書の交付申請を行います。

⑤　在留資格認定証明書の交付

　地方出入国在留管理局から在留資格認定証明書の交付を受けた監理団体は、技能実習生に対してその在留資格認定証明書を送付します。技能実習生は、在外日本国公館において査証（ビザ）を取得したうえで、その在留資格認定証明書を入国の際に提示することにより、「技能実習」の在留資格により入国することが可能となります。

⑥　認定後の報告、届出事項等

　実習実施者は、技能実習計画の認定を受け、技能実習生を受け入れた後も、技能実習法で定められた報告、届出の手続を定められた様式に従って行う必要があります。その手続は次頁の表のとおりです。

届出・報告一覧（実習実施者）

番号	様式	届出先	期限	方法・通数	備考（該当事例・留意点）
1	技能実習計画軽微変更届出書（省令様式第3号）		変更事由発生後1か月以内		軽微な変更にあたる場合に届出が必要。なお、重要な変更の場合には技能実習計画変更認定の申請が必要。※第3章第4節技能実習計画の変更を参照。
2	実習実施者届出書（省令様式第7号）	実習実施者の住所地を管轄する地方事務所・支所の認定課	技能実習開始後遅滞なく		初めて技能実習生を受け入れて技能実習を行わせた場合の1回のみに提出が必要。既に実習実施者届出受理書（省令様式第8号）を機構から受け付け取っている場合は届出不要。※第3章第9節実施の届出を参照。
3	技能実習実施困難時届出書（省令様式第9号）※企業単独型の場合のみ。なお、団体監理型の場合は、実習実施者から監理団体へ遅滞なく通知することが必要。	実習実施者の住所地を管轄する地方事務所・支所の認定課	届出事由発生後遅滞なく	・持参または郵送され、受領の際、押印または署名を行うもので（信書を送ることができる方式に限る）・対面で配達さ	実習実施者について、実習認定の取消し、倒産等の経営上・事業上の理由があった場合、技能実習の継続が困難となった場合（実習意欲の喪失、病気やけが、ホームシック、行方不明等）などに技能実習を受けさせることが困難となった場合に届出が必要。また、技能実習生が送中帰国する場合には、帰国することが決まった時点での届出が必要。※第3章第10節技能実習実施困難時の届出等を参照。
4	実習認定取消し事由該当事実に係る報告（参考様式第3−1号）※企業単独型の場合のみ。なお、団体監理型の場合は、実習実施者から監理団体へ直ちに報告することが必要。	実習実施者の住所地を管轄する地方事務所・支所の指導課	報告事由発生後直ちに	・正本1通	実習認定の取消し事由（法第16条第1項各号）に該当する場合に報告が必要。※第3章第2節法令違反時の報告、二重契約の禁止を参照。
5	実施状況報告書（省令様式第10号）	実習実施者の住所地を管轄する地方事務所・支所の認定課	毎年4月から5月末日まで		報告事項とされている行方不明率が20%以上かつ3人以上の実習実施者については、管轄する機構の地方事務所・支所の認定課に対し、行方不明者の多発を防止するための実効性のある対策を講じていることについて、理由書（様式自由）の提出が必要。※第3章第12節実施状況報告を参照。

16

第2号技能実習開始までの流れ（団体監理型技能実習の場合を例示）

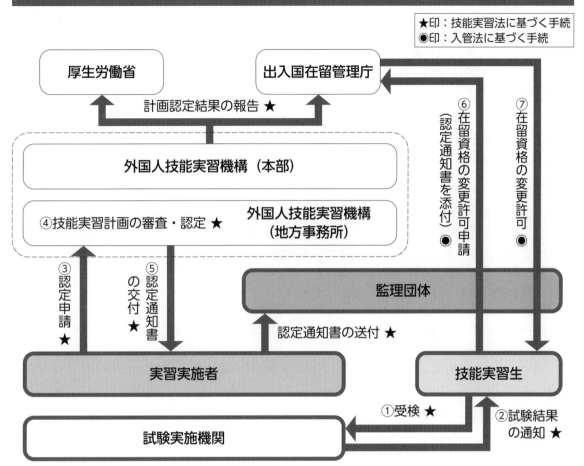

① 受検

第2号技能実習を行うためには、第1号技能実習で設定した目標（基礎級の技能検定またはこれに相当する技能実習評価試験の合格）の達成が必要です。

第1号技能実習の修了後、速やかに第2号技能実習を開始する場合は、**第1号技能実習が修了する2か月前までには受検をすることが推奨されます**。なお、第1号技能実習の期間中の再受検は、1回に限り認められます。

② 試験結果の通知

試験実施機関から試験結果の通知を受けた技能実習生は、合否結果を実習実施者に伝達することが必要です。技能実習生が機構への合否結果の提供に同意をし、機構による受検手続の支援を受けた場合には、試験実施機関から、別途機構へ直接合否結果が通知され、計画認定審査に反映されます。

一方、同意をせず、機構による受検手続の支援を受けない場合には、技能実習生から実習実施者を通じて機構へ合否結果を提出する必要がありますが、この場合には認定審査のスケ

ジュールに支障を来す可能性があることに留意する必要があります。

③　技能実習計画の認定申請

　認定申請は、技能実習開始予定日の**6か月前から可能**です。また、原則として、開始予定日の**3か月前までに**申請を行うことが必要です。認定申請は、機構の地方事務所・支所の認定課で受け付けています（機構の地方事務所・支所への郵送、または機構の地方事務所・支所窓口への持参による方法で申請を受け付けます）。

　開始予定日の3か月前を経過しても、技能検定または技能実習評価試験（以下「技能検定等」）の合格が確認できる状態での申請が困難な場合、技能検定等の合否結果は、申請後に資料を追完することが可能です。なお、②において、技能実習生が機構への合否結果の提供に同意をし、機構による受検手続の支援を受けた場合には、試験実施機関から、別途機構へ直接合否結果が通知されるため、追完の必要はありません。

　※在留期間の満了日の3か月前を過ぎてから申請を行うと、在留期間の満了日までに「技能実習2号」への在留資格変更許可を受けることが困難となる可能性があります。在留期間の満了日までに第2号技能実習の計画認定を受けることができた場合であって、しかも在留期間の満了日までに「技能実習2号」への在留資格変更許可申請を行うことができた場合には、特例措置により申請の許否が判明するまで一定期間わが国に滞在することは認められますが、第1号技能実習計画はすでに終了していることから、技能実習生として技能実習に従事することはできない点に注意が必要です。受検と申請は余裕をもったスケジュールで行います。

④　技能実習計画の審査・認定

　第1号技能実習と同様に、申請された技能実習計画については、技能実習法に基づく基準に照らして審査が行われます。

⑤　認定通知書の交付

　認定の決定がされた場合は、機構から通知書が交付されます。不認定の決定がされた場合も同様に通知書が交付されます。

　※技能実習生が引き続き在留するためには、在留資格を変更しなければなりません。技能実習計画の認定通知書は在留資格の変更許可申請に必要となります。以下⑥・⑦は入管法の手続になります。

⑥　在留資格の変更許可申請

　第2号技能実習計画の認定通知書を添付書類として、地方出入国在留管理局に在留資格の変更許可申請を行います。

⑦　在留資格の変更許可

　地方出入国在留管理局から在留資格変更の許可がされた後に、第2号技能実習生として引き続き在留することが可能となります。

※第2号技能実習を良好に修了していて、しかも修了している技能実習において修得した技能
　が、次に従事しようとする業務において必要な技能と関連性があると認められる場合には、
　特定技能1号へ移行することができます。

　　具体的には、在留資格「特定技能1号」で必要とされる技能水準および日本語能力水準に
　係る試験を受けることなく、特定産業分野（14分野）において、在留資格「特定技能1号」
　として、引き続き在留を継続することまたは帰国後に改めて同在留資格により入国すること
　が可能です（179頁参照）。ただし、所定の手続が必要です。

第3号技能実習開始までの流れ（団体監理型技能実習の場合を例示）

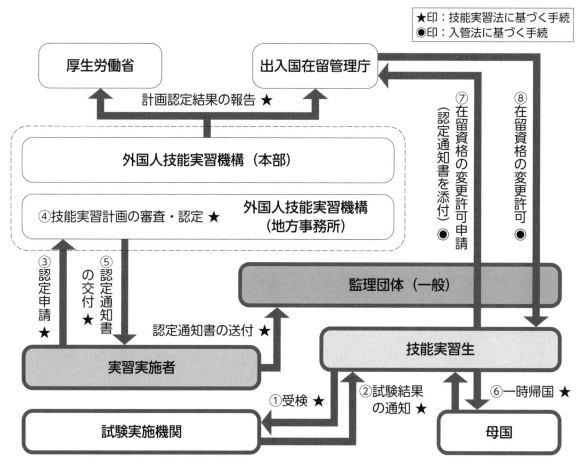

★印：技能実習法に基づく手続
●印：入管法に基づく手続

※③の認定申請は優良な実習実施者であることが前提

①　受検

　第3号技能実習を行うためには、第2号技能実習で設定した目標、つまり3級の技能検定またはこれに相当する技能実習評価試験の実技試験に合格するという目標の達成が必要です。

　第2号技能実習の修了後、1か月以上の帰国期間の後、速やかに第3号技能実習を開始する場合は、**第2号技能実習が修了する2か月前までには受検をすることが推奨されます。**なお、第2号技能実習の期間中の再受検は、1回に限り認められます。

②　試験結果の通知

　試験実施機関から試験結果の通知を受けた技能実習生は、合否結果を実習実施者に伝達することが必要です。技能実習生が機構への合否結果の提供に同意をし、機構による受検手続の支援を受けた場合には、試験実施機関から、別途機構へ直接合否結果が通知され、計画認定審査に反映されます。

一方、同意をせず、機構による受検手続の支援を受けない場合には、技能実習生から実習実施者を通じて機構へ合否結果を提出する必要がありますが、この場合には認定審査のスケジュールに支障を来す可能性があることに留意する必要があります。

③　技能実習計画の認定申請

認定申請は、技能実習開始予定日の**6か月前から可能**です。また、原則として、開始予定日の**4か月前まで**（第2号技能実習の修了後、1か月以上の帰国期間の後、速やかに第3号技能実習を開始する場合は、第2号技能実習を修了する予定日の**3か月前まで**）に申請を行うことが必要です。認定申請は、機構の地方事務所・支所の認定課で受け付けています（機構の地方事務所・支所への郵送、または機構の地方事務所・支所窓口への持参による方法で申請を受け付けます）。

開始予定日の3か月前を経過しても、技能検定等の合格が確認できる状態での申請が困難な場合、技能検定等の合否結果は、申請後に資料を追完することが可能です。なお、②において、技能実習生が機構への試験の合否結果の提供に同意をし、機構による受検手続の支援を受けた場合には、試験実施機関から、別途機構へ直接合否結果が通知されるため、追完の必要はありません。

※在留期間の満了日の3か月前を過ぎてから申請を行うと、第2号技能実習の修了後、1か月以上の帰国の後、速やかに「技能実習3号」への在留資格変更許可を受けることが困難となる可能性があります。在留期間の満了日までに第3号技能実習の計画認定を受けることができた場合であって、しかも在留期間の満了日までに「技能実習3号」への在留資格変更許可申請を行うことができた場合には、特例措置により申請の許否が判明するまで一定期間わが国に滞在することは認められますが、技能実習生として技能実習に従事することはできない点に注意が必要です。受検と申請は余裕をもったスケジュールで行います。

※第3号技能実習については、実習実施者を変更すること（転籍）が可能です。認定申請は第3号技能実習を行う実習実施者が行う必要があります。

④　技能実習計画の審査・認定

第1号技能実習・第2号技能実習と同様に、申請された技能実習計画については、技能実習法に基づく基準に照らして審査が行われます。

※第3号技能実習を行うためには、技能等の修得等をさせる能力について高い水準を満たす優良な実習実施者であることが必要です。

⑤　認定通知書の交付

認定の決定がされた場合は、機構から通知書が交付されます。不認定の決定がされた場合も同様に通知書が交付されます。

⑥　一時帰国

技能実習生は、第2号技能実習の修了後、第3号技能実習を開始するまでの間または第3

号技能実習開始後1年以内に、**必ず1か月以上の一時帰国をしなければなりません。**

※技能実習生が引き続き在留するためには、在留資格を変更しなければなりません。技能実習計画の認定通知書は在留資格の変更許可申請に必要となります。以下⑦・⑧は入管法の手続になります。

⑦　在留資格の変更許可申請

　在留資格の変更許可申請は、第3号技能実習の技能実習計画の認定通知書を添付書類として、地方出入国在留管理局に行います。

⑧　在留資格の変更許可

　地方出入国在留管理局から在留資格変更の許可がされた後に、第3号技能実習生として引き続き在留することが可能となります。

※上記の流れは、技能実習1号から技能実習3号までわが国における在留資格を継続したまま技能実習を行わせる場合のものであり、一時帰国の期間が長いなどの理由により、技能実習生が在留資格を失った後に第3号技能実習生として新規入国をする場合には、第1号技能実習の場合と同様に、在留資格認定証明書の交付申請を行い、在留資格認定証明書の交付を受けた後に上陸する手続が必要となります。

※第3号技能実習を修了するまでに、第3号技能実習で設定した目標（2級の技能検定またはこれに相当する技能実習評価試験の実技試験の合格）の達成に向けて受検しなければなりません。

※第2号技能実習を良好に修了している外国人（第3号技能実習を修了している外国人を含む）であり、しかも修了している技能実習において修得した技能が、次に従事しようとする業務において必要な技能と関連性があると認められる場合には、特定技能1号へ移行することができます。具体的には、在留資格「特定技能1号」で必要とされる技能水準および日本語能力水準に係る試験を受けることなく、特定産業分野（14分野）において、在留資格「特定技能1号」として、引き続き在留を継続することまたは帰国後に改めて同在留資格により入国することが可能です（179頁参照）。ただし、所定の手続が必要です。
（「特定技能1号」として在留するための手続など「特定技能制度」の詳細はこちらになります。https://www.moj.go.jp/isa/policies/ssw//nyuukokukanri01_00127.html）

第2章　技能実習法の目的・定義等

第1節　技能実習法の目的（技能実習法第1条）

> **ポイント** 技能実習の適正な実施と技能実習生の保護を図り、人材育成を通じた開発途上地域等への技能等の移転によって国際協力を推進するという、技能実習制度の目的が規定されています。

　技能実習法の目的は、技能実習の適正な実施、技能実習生の保護を図ることにより、人材育成を通じた開発途上地域等への技能等の移転による国際協力を推進することと規定されています。

　あわせて、技能実習に関し、基本理念を定め、国等の責務を明らかにすること、技能実習計画の認定および監理団体の許可の制度を設けること、他法令（入管法令、労働関係法令）と相まって法の目的が達成されるべきことについても規定されています。

第2節　定義（技能実習法第2条）

> **ポイント** 技能実習法における用語の定義が規定されています。

　主な用語の定義は、次表のとおりです。

用語	定義・説明
技能実習	在留資格の1つ。わが国で開発され、培われた技能・技術・知識の開発途上地域等への移転等を目的として、1年目から労働者として在留することができる。 段階ごとに、技能実習1号（1年目）、技能実習2号（2～3年目）、技能実習3号（4～5年目）に分かれる。また、運営主体によって、企業単独型技能実習と団体監理型技能実習の2種類がある。 したがって、企業単独型の技能実習1号イ、技能実習2号イ、技能実習3号イと、団体監理型の技能実習1号ロ、技能実習2号ロ、技能実習3号ロの6つに区分され、それぞれが別個の在留資格となっている。
企業単独型技能実習	わが国の企業が、外国にある支店や関連会社、取引先等から、技能実習生を受け入れて技能実習を受けさせる形態。

用語	定義・説明
団体監理型技能実習	わが国の公的な援助・指導を受けた事業協同組合、商工会・商工会議所等の中小企業団体、公益法人等の営利を目的としない監理団体が実習実施者に対して指導・監督をしながら、技能実習を行わせる形態。
実習実施者	実際に技能実習生を受け入れて、認定を受けた技能実習計画に基づいて実習を実施する企業等。企業単独型実習実施者と団体監理型実習実施者がある。
企業単独型実習実施者	認定を受けた技能実習計画に基づいて企業単独型技能実習を行わせる企業等。
団体監理型実習実施者	認定を受けた技能実習計画に基づいて団体監理型技能実習を行わせる企業等。
実習監理	団体監理型実習実施者等と団体監理型技能実習生等との間における雇用関係の成立のあっせん、および団体監理型実習実施者に対する団体監理型技能実習の実施に関する監理を行うこと。
監理団体	外国人技能実習制度において、監理許可を受けて監理事業を行うわが国の非営利団体。技能実習法に基づく監理団体の許可を受けた場合には、技能実習に関する雇用関係の成立のあっせんは、職業安定法上の許可を受けまたは届出をしていなくても実施可能となる。
第1号技能実習	第1号企業単独型技能実習と第1号団体監理型技能実習がある。
第2号技能実習	第2号企業単独型技能実習と第2号団体監理型技能実習がある。
第3号技能実習	第3号企業単独型技能実習と第3号団体監理型技能実習がある。
入国前講習	各送出国の職業訓練校において1か月以上にわたって行われる事前講習。
入国後講習	第1号技能実習生に対して行う、日本語および出入国・労働関係法令等の科目による講習。企業単独型技能実習では申請者が、団体監理型技能実習では監理団体が実施主体となる。
取次送出機関	外国の送出機関であって、団体監理型の技能実習生になることを希望する者からの求職の申込みをわが国の監理団体に取り次ぐ機関。個別具体的な技能実習計画の認定の際に用いられる概念。
外国の準備機関	技能実習生になることを希望する者に対して、外国における準備に関与するその外国の機関（取次送出機関を除く）。その希望する者が所属していた会社、技能実習生になろうとする者を対象として行う講習実施機関、旅券（パスポート）や査証（ビザ）の取得代行手続を行うもの等がある。
外国の公的機関	外国の国または地方公共団体の機関。わが国における独立行政法人や公益法人に相当する機関はこれに該当しない。

用語	定義・説明
外国の教育機関	原則として、その国または地域における学校教育制度に照らして正規の教育機関として認定されているもので、かつ義務教育修了後に入学する機関。
外国の送出機関	則第25条において定められている要件を満たしている機関一般を指し、技能実習生になることを希望する者からの申込みをわが国の監理団体に取り次ぐもの。主に監理団体の許可の際に用いられる概念。
外部監査	団体監理型技能実習において、監理団体が実習実施者に対して監査等の業務を適正に実施しているかを確認するため、外部監査人によって実施される監査。
技能実習事業年度	毎年4月1日に始まり翌年の3月31日に終わる技能実習に関する事業年度。
技能実習生手帳	技能実習生がわが国において健康で充実した技能実習生活を過ごすことができるように、技能実習生の心構え、生活・衛生面における情報、出入国および労働関係法令のほか、行政相談窓口の案内など、技能実習生に役立つ情報をわかりやすくまとめ、技能実習生の母国語に翻訳したうえで、入国時に入国審査官を介して配付されるもの。機構のホームページに公表している。
わが国の公私の機関の外国にある事業所	企業単独型技能実習の場合に、わが国の公私の機関の外国にある事業所として認められるのは、原則として、①本店・支店の関係にある事業所、②親会社・子会社の関係にある事業所、③子会社どうしの関係にある事業所、④関連会社の事業所が代表的なものになる。
わが国の公私の機関と省令で定める密接な関係を有する外国の公私の機関の外国にある事業所	企業単独型技能実習において、わが国の公私の機関と省令で定める密接な関係を有する外国の公私の機関の外国にある事業所とは、①わが国の公私の機関と引き続き1年以上の国際取引の実績または過去1年間に10億円以上の国際取引の実績を有するもの、②わが国の公私の機関と国際的な業務上の提携を行っていることその他の密接な関係を有する機関であるとして、出入国在留管理庁長官および厚生労働大臣が認めるものをいう。

（東京労働局職業安定部「外国人の雇用に関するQ＆A」（令和3年度版）より作成）

また、前記の表中、技能実習についてのみをまとめると次のとおりです。

活動内容による分類	
技能実習1号	講習による知識修得活動および雇用契約に基づく技能等修得活動
技能実習2号	技能実習1号の技能等を修得した者が、技能等に習熟するため、雇用契約に基づき修得した技能等を要する業務に従事する活動

技能実習3号	技能実習2号の技能等に習熟した者が、技能等に熟達するため、雇用契約に基づき習熟した技能等を要する業務に従事する活動
受入形態による分類	
技能実習イ	企業単独型の技能実習
技能実習ロ	団体監理型の技能実習

（東京労働局職業安定部「外国人の雇用に関するQ＆A」（令和3年度版）より作成）

　在留資格の技能実習は、上表のとおり、その活動内容と受入形態によってそれぞれ3分類と2分類に分けられることから、その組み合わせによって計6種類に分類されます。たとえば、「技能実習1号ロ」は、団体監理型技能実習1号を指しています。

第3節　基本理念（技能実習法第3条）

> **ポイント** 技能実習は、わが国の労働力不足を補うための手段として行われてはならない旨の基本理念が定められています。

　技能実習制度は、国際貢献・国際協力の視点から創設された制度であることから、わが国の労働力不足を補う制度ではないことが明記されています。したがって、たとえば、監理団体がそのホームページやパンフレット等で「人手不足の解消のために技能実習制度を活用する」などと勧誘や紹介することは、本条の趣旨に反することになります。

第4節　国および地方公共団体の責務（技能実習法第4条）

> **ポイント** 国は、技能実習の適正な実施と技能実習生の保護を図るために必要な施策を総合的・効果的に推進すること、地方公共団体は地域の実情に応じて必要な施策を推進することとされています。

　技能実習法において、地方公共団体については特段の権限等は定められていませんが、技能実習生は地域住民として地方公共団体の中で生活すること、監理団体の他法令（中小企業等協同組合法等）上の許認可権者であることなどから、総括的な責務規定が設けられています。

第5節　実習実施者、監理団体等の責務（技能実習法第5条）

> **ポイント** 実習実施者は、技能実習を受けさせる者としての責任を自覚し、技能実習を受けさせる環境の整備に努め、国や地方公共団体が講ずる施策に協力すること、また、監理団体は、技能実習の適正な実施と技能実習生の保護について重要な役割を果たすものであることを自覚し、実習監理の責任を適切に果たし、国や地方公共団体が講ずる施策に協力することとされています。

　実習実施者や監理団体のみならず、実習実施者や監理団体の上部機関（実習実施者や監理団体が加入している上部団体で、たとえば、都道府県中小企業団体中央会や都道府県農業会議等を指します）も、実習実施者や監理団体に対して必要な指導および助言をするよう努めなければならないことになっています。

第6節　技能実習生の責務（技能実習法第6条）

> **ポイント** 技能実習生は、技能実習に専念して技能等の修得等をし、母国への技能等の移転に努めなければなりません。

　この責務からも明らかなように、技能実習生は、入管法上の資格外活動許可を得て、他所で就労活動を行うことは認められていません。

第7節　基本方針（技能実習法第7条）

> **ポイント** 技能実習制度の適切な運営のための基本方針を定めなければならないことが規定されています。

　基本方針は、技能実習制度の運用にあたっての基本的な考え方や取扱いなどを示すものであり、法令事項に限らず、制度関連施策について、幅広く、主務大臣（法務大臣および厚生労働大臣）によって告示の形式で定められています。なお、最新の基本方針は、平成29（2017）年4月7日法務省・厚生労働省告示第1号（「技能実習の適正な実施及び技能実習生の保護に関する基本方針」）です。

第3章　技能実習計画の認定等

　技能実習は、技能等の適正な修得等のために整備され、かつ技能実習生が技能実習に専念できるようにその保護を図る体制が確立された環境で行われなければなりません。そのため、技能実習生ごとに作成する技能実習計画は、技能実習の目標や内容、技能等の評価、技能実習を行わせる体制、技能実習生の待遇等に関する基準をすべて満たしている必要があります。また、実習実施者は、関係法令を遵守し、認定を受けた技能実習計画に従って技能実習を受けさせる責務があります。

第1節　技能実習計画の認定（技能実習法第8条）

▶技能実習計画の認定

> **ポイント**　実習実施者は、受け入れようとする技能実習生ごとに技能実習計画を作成（団体監理型の場合には、監理団体の指導に基づいて作成）し、機構から認定を受ける必要があります。この認定申請は、認定基準を満たすことを証明する添付資料等を添えて、機構の地方事務所・支所の認定課で申請します。

　技能実習計画は、技能実習生ごとに、第1号、第2号および第3号の区分を設けて認定を受けなければならず、修得等させる技能等の基準や従事させる業務の基準等に従ったものでなければなりません。また、第2号および第3号技能実習を行うためには、「移行対象職種・作業」である必要があります。

　このほか、技能実習生や実習実施者にも満たさなければならない基準があり、技能実習の実施に関する契約等の内容や、入国後講習の実施内容および実施方法、技能実習を行わせる体制・事務所の設備、技能実習生の待遇や受け入れられる人数等の基準等に適合しているものでなければなりません。

　技能実習を行わせる主体は、わが国の個人または法人です。技能実習を行わせようとする場合は、技能実習生ごとに技能実習計画を作成し、技能実習計画認定申請書（省令様式第1号）を機構に提出しなければなりません。技能実習計画認定申請書は、正本1通および副本1通を提出します。なお、申請書のほか、各様式の用紙の左肩に記載されたアルファベットは、技能実習の区分により、次のとおりに分類されています。

　A　第1号企業単独型技能実習
　B　第2号企業単独型技能実習
　C　第3号企業単独型技能実習
　D　第1号団体監理型技能実習

E　第2号団体監理型技能実習

F　第3号団体監理型技能実習

また、法人が行う場合には、複数の法人が技能実習を共同で行うことも認められています。たとえば、次のような場合です。

・親会社と子会社の関係にある複数の法人

・同一の親会社を持つ複数の法人

・その相互間に密接な関係があるかを判断して出入国在留管理庁長官および厚生労働大臣が個別に認めるもの

3つめの、「その相互間に密接な関係があるかを判断して出入国在留管理庁長官および厚生労働大臣が個別に認めるもの」の適用を受けようとする場合には、必要書類を提出して、その関係を立証する必要があります。

なお、この密接な関係を有する複数の法人として認められる有効期間は、技能実習計画が認定された日から3年間です。

相互間に密接な関係を有する複数の法人については、事業上、安定的な関係が構築されていることや、技能実習に共同で取り組む関係であることなどを確認して総合的に判断されます。

具体的には、次のような事例が考えられます。

わが国の自動車メーカーX社は、資本関係のない複数のディーラーとの間で自動車の販売委託契約（販売後の点検、整備を含む）を締結している。X社がこれらの複数のディーラーと共同で、A国から自動車整備の技能等に係る技能実習生を受け入れて、自動車の基本構造をX社の製造工場で教えるとともに、ディーラーのもとで自動車販売後の点検、整備に関する技能等を修得させようとする事例。

X社は、自動車の点検、整備を行う体制を有していないところ、国内ディーラーに自動車の点検、整備に従事する技能実習を行わせることで、社内に自ら技能実習のための指導者を新たに確保する必要もなく技能実習を行うことが可能になった。またX社は、技能実習によって、A国内での自動車の整備、点検の技術が向上することで自動車販売において顧客の確保につながった。他方、国内ディーラーにとっては、X社との取引強化となることから、X社と国内ディーラーにとって事業上のメリットがある。

【確認対象の書類】

・技能実習計画認定申請書（省令様式第1号）

・理由書（参考様式第1−26号）および則第3条第2号の基準への適合性を立証する資料
　※前記の複数法人による技能実習の共同実施の適用を受けようとする場合

・申請者の概要書（参考様式第1−1号）
　※複数の法人が共同で技能実習を行わせる場合は、各法人ごとに1枚ずつ必要。

・登記事項証明書
　※法人の場合。複数の法人が共同で技能実習を行わせる場合は、各法人ごとに1枚ずつ必要。

第3章

・住民票の写し
　　※個人事業主の場合

【留意事項】
・共同で技能実習を「行わせる」とは、複数の法人がいずれも技能実習生に修得等させ
ようとする技術等に係る業務を行っていることが必要であり、また、複数の法人が共
同で技能実習を行う場合にあっても、複数の法人と技能実習生との間には雇用関係が
締結されていることが前提となります。

▶技能実習計画の記載事項

　技能実習を行わせようとする者は、法律に定められている事項（技能実習計画認定申請書
（省令様式第1号）第2面の技能実習計画）を記載しなければなりません。

左上の表

				役職名	
	（ふりがな）④技能実習指導員の氏名及び役職名			役職名	
	（ふりがな）⑤生活指導員の氏名及び役職名			役職名	
3 技能実習生	①氏名	ローマ字			
		漢字			
	②国籍（国又は地域）				
	③生年月日、年齢及び性別	年　月　日（　才）性別（男・女）			
	④帰国（予定）期間	年　月　日 ～ 年　月　日			
4 技能実習の区分		□A（第一号企業単独型技能実習）　D（第一号団体監理型技能実習） □B（第二号企業単独型技能実習）　E（第二号団体監理型技能実習） □C（第三号企業単独型技能実習）　F（第三号団体監理型技能実習）			
5 技能実習の内容	①移行対象職種・作業の場合	コード番号（　　）職種名（　　）　作業名（　　）			
	複数実施の場合	コード番号（　　）職種名（　　）　作業名（　　）			
	②移行対象職種・作業以外の場合				
	③入国後講習	第3面「入国後講習実施予定表」のとおり			
	入国前講習実施の有無	□有　　□無			
	④実習	第1号技能実習にあっては第4面「実習実施予定表」、第2号技能実習又は第3号技能実習にあっては第5面「実習実施予定表（1年目）」及び第6面「実習実施予定表（2年目）」のとおり			
6 技能実習の目標		□技能検定（試験名：　　、級：　） □技能実習評価試験（試験名：　　、級：　） □その他（内容：　）			
	複数実施の場合	□技能検定（試験名：　　、級：　） □技能実習評価試験（試験名：　　、級：　） □その他（内容：　）			
7 前段階の目標の達成状況	①目標の達成	□技能検定（試験名：　　、級：　） □技能実習評価試験（試験名：　　、級：　）			
	複数実施の場合	□技能検定（試験名：　　、級：　） □技能実習評価試験（試験名：　　、級：　） □その他（内容：　）			
	②前段階の技能実習計画の認定番号				
8 技能実習の期間及び時間数		延べ期間　年　月　日間 （　年　月　日 ～ 　年　月　日） 合計時間　時間（入国後講習　時間、実習　時間）			
9	①監理団体の許可番号				

右上の表

団体監理型技能実習	②監理団体の許可の別	□一般監理事業　　□特定監理事業	
	（ふりがな）③監理団体の名称		
	④監理団体の住所	〒　－　　　（電話　－　－　）	
	（ふりがな）⑤監理団体の代表者の氏名		
	（ふりがな）⑥監理責任者の氏名		
	⑦担当事業所の名称		
	⑧担当事業所の所在地	〒　－　　　（電話　－　－　）	
	⑨計画指導担当者の氏名		
	⑩取次送出機関の氏名又は名称		
10 技能実習生の待遇	①報酬	賃金　月給・日給・時給　　円 講習手当　　円 その他　　円	
	②雇用契約期間	期間の定め（有（　年　月　日 ～ 　年　月　日）・無）	
	③労働時間及び休憩	時　分 ～ 時　分（休憩：時　分 ～ 時　分）	
	④所定労働時間	年間　　時間／週平均　　時間	
	⑤休日		
	⑥休暇		
	⑦宿泊施設		
	⑧技能実習生が定期に負担する費用	食費　　円、居住費　　円、その他　　円	
11 備考		※　過去1年以内に技能実習実施困難時届出書を提出した技能実習生の有無 □有　　□無	

（注意）
1　1欄の①は、この申請を行うまでに、既に法第17条の規定による実施の届出を行い、実習実施者届出受理番号を得ている者については記載すること。
2　1欄の④及び⑥について、その記載事項の全てを欄内に記載することができないときは、同欄に「別紙の

（注意）（左下）
とおり」と記載し、別紙を添付すること。
3　1欄の⑦は、日本標準産業分類の大分類又は小分類の記号及び名称を記載すること。
4　2欄について、技能実習を行わせる事業所が複数あり、その記載事項の全てを欄内に記載することができないときは、同欄に「別紙のとおり」と記載し、別紙を添付すること。
5　3欄の①は、ローマ字の旅券（未発給の場合、発給申請において用いるもの）と同一の氏名を記載するほか、漢字の氏名がある場合にはローマ字の氏名と併せて、漢字の氏名も記載すること。
6　3欄の④は、第3号技能実習に係る申請である場合には、第2号技能実習の終了後第3号技能実習の開始までの間又は第3号技能実習開始から1年以内における本国への一時帰国の期間（一時帰国する予定の期間を含む。）を記載すること。帰国期間が複数あり、その記載事項の全てを欄内に記載することができないときは、同欄に「別紙のとおり」と記載し、別紙を添付すること。
7　5欄の①及び②について、移行対象職種・作業である場合には、主務大臣が別途定めるコード表を参照した上でコード番号、職種名及び作業名を記載すること。移行対象職種・作業でない第1号技能実習に係る技能実習計画である場合には、技能実習の内容が分かるように具体的に記載すること。
8　5欄の①について、複数の職種及び作業を実施する場合には、技能検定又は技能実習評価試験の合格に係る目標を定めた職種及び作業については、コード番号、職種名及び作業名を記載し、その他の職種及び作業については、複数実施の場合の欄にコード番号を全て記載すること。また、複数の職種及び作業を実施する理由を11欄に記載すること。
9　5欄の③及び④は、技能実習の区分に応じた所定の様式で作成し、提出すること。
10　5欄の③につき入国前講習を実施している場合には、その内容について別紙により提出すること。
11　6欄及び7欄について、複数の職種及び作業を実施する場合には、主たる職種及び作業については、上欄に記載し、主たる職種及び作業以外の職種及び作業については、下欄の複数実施の場合の欄に記載すること。
12　6欄について、その他の欄にチェックマークを付す場合には、目標とする業務内容、水準等を具体的に記載すること。
13　7欄について、第2号技能実習に係る申請である場合には第1号技能実習に係る技能実習計画において定めた目標の達成状況を、第3号技能実習に係る申請である場合には第2号技能実習に係る技能実習計画において定めた目標の達成状況を記載すること。
14　8欄について、技能実習の期間が複数あり、その記載事項の全てを欄内に記載することができないときは、同欄に「別紙のとおり」と記載し、別紙を添付すること。
15　10欄の②について、雇用契約期間が複数あり、その記載事項の全てを欄内に記載することができないときは、同欄に「別紙のとおり」と記載し、別紙を添付すること。
16　11欄には、認定の申請に係る担当者の氏名、職名及び連絡先を記載すること。また、過去1年以内に技能実習実施困難時届出書を提出した技能実習生の有無（※印）について、該当する欄にチェックマークを付すこと。その他伝達事項があれば併せて記載すること。

右下

別記様式第1号（第4条第1項関係）　　　　　　　　　　　（日本産業規格A列4）
第3面A

入国後講習実施予定表

講習実施施設
施設名
所在地
連絡先

法的保護に必要な情報について講義を行う講師
氏名
職業
所属機関
専門的な識見の有無
資格・免許

講習期間　　　年　月　日 ～ 　年　月　日

講習内容　講師の氏名（役職・経験年数・委託の有無）	合計時間	時間数											
		1月目	2月目	3月目	4月目	5月目	6月目	7月目	8月目	9月目	10月目	11月目	12月目
1													
2													
3													
4													
5													
合計時間		h	h	h	h	h	h	h	h	h	h	h	h

（注意）
予定表は、当該内容の開始月から終了月までの間を矢印で結び、矢印の上に各月に行う時間数を記載すること。

別記様式第1号（第4条第1項関係）　　　　　　　　　　（日本産業規格A列4）
第3面　D

入国後講習実施予定表

講習実施施設
　　①　施設名：　　　　　　　　　所在地：　　　　　　　　連絡先：
　　②　施設名：　　　　　　　　　所在地：　　　　　　　　連絡先：
　　③　施設名：　　　　　　　　　所在地：　　　　　　　　連絡先：

監理団体（講習の実施者）
　　名　　称
　　住　　所
　　代表者の氏名

法的保護に必要な情報について講義を行う講師
　　氏　　　名
　　職　　　業
　　所　属　機　関
　　専門的知識の経歴
　　資格・免許

講習期間　　　年　月　日～　　　年　月　日

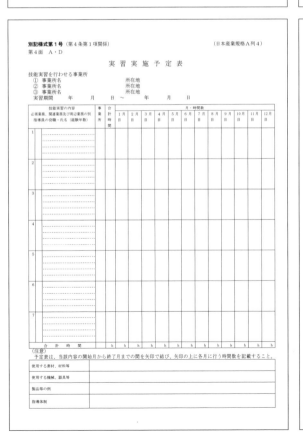

（注意）
1　講習施設が複数ある場合は、それぞれの施設名、所在地及び連絡先を記載し、講習施設の欄に、該当する番号を記載すること。
2　入国後講習を委託する場合は、委託する各日の科目ごとに「○」を記載すること。

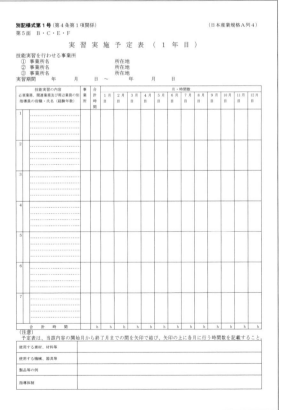

別記様式第1号（第4条第1項関係）　　　　　　　　　　（日本産業規格A列4）
第4面　A・D

実　習　実　施　予　定　表

技能実習を行わせる事業所
　　①　事業所名　　　　　　　　所在地
　　②　事業所名　　　　　　　　所在地
　　③　事業所名　　　　　　　　所在地
実習期間　　　年　月　日～　　　年　月　日

（注意）
　予定表は、当該内容の開始月から終了月までの間を矢印で結び、矢印の上に各月に行う時間数を記載すること。

使用する素材、材料等
使用する機械、器具等
製品等の例
指導体制

別記様式第1号（第4条第1項関係）　　　　　　　　　　（日本産業規格A列4）
第5面　B・C・E・F

実　習　実　施　予　定　表　（　1　年　目　）

技能実習を行わせる事業所
　　①　事業所名　　　　　　　　所在地
　　②　事業所名　　　　　　　　所在地
　　③　事業所名　　　　　　　　所在地
実習期間　　　年　月　日～　　　年　月　日

（注意）
　予定表は、当該内容の開始月から終了月までの間を矢印で結び、矢印の上に各月に行う時間数を記載すること。

使用する素材、材料等
使用する機械、器具等
製品等の例
指導体制

別記様式第1号（第4条第1項関係）

別記様式第1号（第4条第1項関係）　　　　　　　　　（日本産業規格A列4）

第6面　B・C・E・F

実 習 実 施 予 定 表 （ 2 年 目 ）

技能実習を行わせる事業所
① 事業所名　　　　　　　　　所在地
② 事業所名　　　　　　　　　所在地
③ 事業所名　　　　　　　　　所在地

実習期間　　　　　年　　　月　　　日 ～　　　　　年　　　月　　　日

技能実習の内容	事業所	合計時間	月等・時間数											
必須業務、関連業務及び周辺業務の別　指導員の役職・氏名（経験年数）			1月日	2月日	3月日	4月日	5月日	6月日	7月日	8月日	9月日	10月日	11月日	12月日
1														
2														
3														
4														
5														
6														
7														
合　計　時　間			h	h	h	h	h	h	h	h	h	h	h	h

（注意）
予定表は、当該内容の開始月から終了月までの間を矢印で結び、矢印の上に各月に行う時間数を記載すること。

使用する素材、材料等	
使用する機械、器具等	
製品等の例	
指導体制	

別記様式第1号（第4条第1項関係）　　　　　　　　　（日本産業規格A列4）

第7面　A・B・C・D・E・F

私（申請者）は、法第10条各号に規定する下記欠格事由のいずれにも該当しないことを確認しましたので、その旨をここに誓約します。　□※

（注意）
　申請者本人がチェックマークを付すこと。

【法第10条各号に規定する欠格事由】

○ 外国人の技能実習の適正な実施及び技能実習生の保護に関する法律（平成二十八年法律第八十九号）（抄）（認定の欠格事由）
第十条　次の各号のいずれかに該当する者は、第八条第一項の認定を受けることができない。
一　禁錮以上の刑に処せられ、その執行を終わり、又は執行を受けることがなくなった日から起算して五年を経過しない者
二　この法律の規定その他出入国又は労働に関する法律の規定（第四号に規定する規定を除く。）であって政令で定めるもの又はこれらの規定に基づく命令の規定により、罰金の刑に処せられ、その執行を終わり、又は執行を受けることがなくなった日から起算して五年を経過しない者
三　暴力団員による不当な行為の防止等に関する法律（平成三年法律第七十七号）の規定（同法第五十条（第二号に係る部分に限る。）及び第五十一条の規定を除く。）により、又は刑法（明治四十年法律第四十五号）第二百四条、第二百六条、第二百八条、第二百八条の二、第二百二十二条若しくは第二百四十七条の罪若しくは暴力行為等処罰に関する法律（大正十五年法律第六十号）の罪を犯したことにより、罰金の刑に処せられ、その執行を終わり、又は執行を受けることがなくなった日から起算して五年を経過しない者
四　健康保険法（大正十一年法律第七十号）第二百八条、第二百十三条の二若しくは第二百十四条第一項、船員保険法（昭和十四年法律第七十三号）第百五十六条、第百五十九条若しくは第百六十条第一項、労働者災害補償保険法（昭和二十二年法律第五十号）第五十一条前段若しくは第五十四条第一項（同法第五十一条前段の規定に係る部分に限る。）、厚生年金保険法（昭和二十九年法律第百十五号）第百二条、第百三条の二若しくは第百四条第一項（同法第百二条又は第百三条の二の規定に係る部分に限る。）、労働保険の保険料の徴収等に関する法律（昭和四十四年法律第八十四号）第四十六条前段若しくは第四十八条第一項（同法第四十六条前段の規定に係る部分に限る。）又は雇用保険法（昭和四十九年法律第百十六号）第八十三条若しくは第八十六条（同法第八十三条の規定に係る部分に限る。）の規定により、罰金の刑に処せられ、その執行を終わり、又は執行を受けることがなくなった日から起算して五年を経過しない者
五　心身の故障により技能実習に関する業務を適正に行うことができない者として主務省令で定めるもの
六　破産手続開始の決定を受けて復権を得ない者
七　第十六条第一項の規定により実習認定を取り消され、当該取消しの日から起算して五年を経過しない者
八　第十六条第一項の規定により実習認定を取り消された者が法人である場合（同項第三号の規定により実習認定を取り消された場合については、当該法人が第二号又は第四号の規定に該当することとなったことによる場合に限る。）において、当該取消しの処分を受ける原因となった事項が発生した当時現に当該法人の役員（業務を執行する社員、取締役、執行役又はこれらに準ずる者をいい、相談役、顧問その他いかなる名称を有する者であるかを問わず、法人に対し業務を執行する社員、取締役、執行役又はこれらに準ずる者と同等以上の支配力を有するものと認められる者を含む。第十二号、第二十五条第一項第五号及び第二十六条第五号において同じ。）であった者で、当該取消しの日から起算して五年を経過しないもの
九　第八条第一項の認定の申請の日前五年以内に出入国又は労働に関し不正又は著しく不当な行為をした者
十　暴力団員による不当な行為の防止等に関する法律第二条第六号に規定する暴力団員（以下この号において「暴力団員」という。）又は暴力団員でなくなった日から五年を経過しない者（第三号及び第二十六条第六号において「暴力団員等」という。）
十一　営業に関し成年者と同一の行為能力を有しない未成年者であって、その法定代理人が前各号のいずれかに該当するもの
十二　法人であって、その役員のうちに前各号のいずれかに該当する者があるもの
十三　暴力団員等がその事業活動を支配する者

○ 外国人の技能実習の適正な実施及び技能実習生の保護に関する法律施行令（平成二十九年政令第三十六号）（抄）
第一条　外国人の技能実習の適正な実施及び技能実習生の保護に関する法律（以下「法」という。）第十条第二号の出入国又は労働に関する法律の規定であって政令で定めるものは、次のとおりとする。
一　労働基準法（昭和二十二年法律第四十九号（船員職業安定法（昭和二十三年法律第百三十号）第八十九条第一項若しくは労働者派遣事業の適正な運営の確保及び派遣労働者の保護等に関する法律第六十条第八十八号。以下「労働者派遣法」という。）第四十四条第一項の規定により適用される場合を含む。）、第百十八条第一項（労働基準法第六条及び第五十六条の規定に係る部分に限る。）、第百十九条（同法第十六条、第十七条、第十八条第一項及び第

三十七条の規定に係る部分に限る。）に係る部分に限る。）及び第二百二十条（第一号（同法第十八条第七項及び第二十三条から第二十七条までの規定に係る部分に限る。）に係る部分に限る。）の規定にこれらの規定に係る同法第二百二十一条の規定
二　船員法（昭和二十二年法律第百号）第百二十九条（同法第八十五条第一項の規定に係る部分に限る。）、第百三十条（同法第三十三条、第三十四条第一項、第三十五条、第六十五条第三項、第六十六条（同法第八十八条の二の二第四項及び第五項並びに第八十八条の三第四項において準用する場合を含む。）の規定に係る部分に限る。）、第百三十一条一号（同法第五十三条第一項、第五十四条、第五十八条の二並びに第八十五条第一項の規定に係る部分に限る。）及び第百三十二号に係る部分に限る。）の規定並びにこれらの規定に係る同法第三十五条番の規定（これらの規定が船員職業安定法第九十二条第一項の規定により適用される場合を含む。）
三　職業安定法（昭和二十二年法律第百四十一号）第六十三条、第六十四条、第六十五条（第一号を除く。）及び第六十六条の規定にこれらの規定に係る同法第六十七条の規定
四　船員職業安定法第百十一条から第百十五条までの規定
五　出入国管理及び難民認定法（昭和二十六年政令第三百十九号）第七十一条の三、第七十一条の四、第七十三条の二、第七十三条の四から第七十四条の六の二まで、第七十四条の八及び第七十六条の二の規定
六　最低賃金法（昭和三十四年法律第百三十七号）第四十条の規定及び同法の規定に係る同法第四十二条の規定
七　労働施策の総合的な推進並びに労働者の雇用の安定及び職業生活の充実等に関する法律（昭和四十一年法律第百三十二号）第四十条第一項（第二号に係る部分に限る。）の規定及び当該規定に係る同法第四十一条の規定
八　建設労働者の雇用の改善等に関する法律（昭和五十一年法律第三十三号）第四十九条、第五十条及び第五十一条（第二号及び第三号を除く。）の規定並びにこれらの規定に係る同法第五十二条の規定
九　賃金の支払の確保等に関する法律（昭和五十一年法律第三十四号）第十八条の規定及び同条の規定に係る同法第二十条の規定
十　労働者派遣法第五十八条から第六十二条までの規定
十一　港湾労働法（昭和六十三年法律第四十号）第四十八条、第四十九条（第一号を除く。）及び第五十一条（第二号及び第三号に係る部分に限る。）の規定並びにこれらの規定に係る同法第五十二条の規定
十二　中小企業における労働力の確保及び良好な雇用の機会の創出のための雇用管理の改善の促進に関する法律（平成三年法律第五十七号）第十九条、第二十条及び第二十一条（第三号を除く。）の規定にこれらの規定に係る同法第二十二条の規定
十三　育児休業、介護休業等育児又は家族介護を行う労働者の福祉に関する法律（平成三年法律第七十六号）第六十二条から第六十五条までの規定
十四　林業労働力の確保の促進に関する法律（平成八年法律第四十五号）第三十二条、第三十三条及び第三十四条（第三号を除く。）の規定並びにこれらの規定に係る同法第三十五条の規定
十五　労働者派遣法第四十四条第四項の規定により適用される労働基準法第百十八条、第百十九条及び第百二十一条の規定、船員職業安定法第八十九条第七項の規定により適用される船員法第百二十九条から第百三十一条までの規定に係る労働者派遣法第四十五条第七項の規定により適用される労働安全衛生法（昭和四十七年法律第五十七号）第百十九条及び第百二十二条の規定

○ 外国人の技能実習の適正な実施及び技能実習生の保護に関する法律施行規則（平成二十八年法務省・厚生労働省令第三号）（抄）
（技能実習に関する業務を適正に行うことができない者）
第十六条の二　法第十条第五号（法第十一条第二項において準用する場合を含む。）の主務省令で定めるものは、精神の機能の障害により技能実習に関する業務を適正に行うに当たって必要な認知、判断及び意思疎通を適切に行うことができない者とする。

　また、省令で指定する試験（技能実習評価試験）については、省令に基づき、職種、作業、試験および試験実施者が定められています。

▶技能実習計画の添付書類

　技能実習計画の認定申請に際しては、認定基準を満たしていることを証明する書類、その他必要な書類を提出しなければなりません。なお、添付書類は、申請書の正本1通に添付し、副本1通には添付する必要はありません。

　また、提出書類等の言語については、技能実習法令の規定により、法務大臣、出入国在留管理庁長官および厚生労働大臣または機構に提出する書類が、外国語により作成されているときは、その書類に日本語の翻訳文を添付しなければなりません。

技能実習計画認定申請に係る提出書類一覧・確認表（団体監理型）

1．原則

⑴　申請書および添付書類は、片面印刷のものに記載します（ホチキスなし）。

⑵　本表（書類の番号2）の1～55のうち提出を要する書類について、本表の番号順に並べ、先頭に本表を付して提出します。

⑶　提出書類に付す本表については、「申請者確認欄」に書類の添付状況について、「有」または「無」に○を付して添付します。

⑷　「技能実習の区分（提出の要否）」欄の印の意味は以下のとおりです。

　　◎：必ず提出が必要なもの。

　　○：過去3年以内に他の技能実習計画に関し機構への申請または届出により提出したものと内容に変更（経年による変更を除く）がない場合に提出が不要なもの（地方出入国在留管理局へ提出したものは含まない）。

　　●：過去5年以内に同一の技能実習生に関し機構への申請または届出により提出したものと内容に変更（経年による変更を除く）がない場合に提出が不要なもの（地方出入国在留管理局へ提出したものは含まない）。

　　△：実習先（実習実施者）変更により新たな技能実習生を受け入れる場合に提出が必要なもの。

　　×：提出が不要なもの。

　　　※⑷の○または●に該当することにより「無」とする書類については、本表の「申請者確認欄」の（※）欄に「提出を省略する書類を添付した過去の技能実習計画認定申請書」を提出した日（申請日）または申請番号（認定番号）を記載します。

　　　※書式の欄の「参考様式」はその様式の使用は必須ではないが、同様の内容を記載した書類の提出が必要なものです（「省令様式」はその様式の使用が必須）。

⑸　本表の書類番号3から9については副本の提出が必要です。申請書類の末尾にまとめて添付します。

２．複数の技能実習計画について同時に申請する場合

　複数の技能実習計画について同時に申請する場合には、前記１に加え、以下について留意する必要があります。

(1)　筆頭の技能実習生に係る技能実習計画

　　書類番号の１から55のうちで提出を要するすべての書類を番号順に並べ、本表を付して提出します。

(2)　２人目以降の技能実習生に係る技能実習計画

　　以下について技能実習計画（技能実習生）ごとにクリップ等で綴じたうえで、書類番号１の名簿順に並べて提出します。

　①本表

　②書類の番号１〜55

(3)　(2)にかかわらず、①本表および②書類の番号13の参考様式第１－22号、33号および34号、③書類の番号24以降については、内容がまったく同じであれば２人目以降の申請書類への添付は不要です。その場合には、本表の「ⅲ　技能実習生の氏名」欄に「別添「申請する技能実習計画の対象となる技能実習生の名簿」のとおり。」と記載します。同じでない場合にはその者については添付します。

３．その他

　技能実習計画の認定基準に関し事業所管大臣が告示で定めた職種（介護職種等）に係る認定申請である場合や、追加的に資料が必要であると認められる場合などには、本表に記載している資料以外の提出を求められることがあります。具体的な書類は別に随時示されます。

◉団体監理型技能実習

　ⅰ　申請者名称または氏名もしくは実習実施者届出番号

　ⅱ　申請する技能実習の区分　　第　　号

　ⅲ　技能実習生の氏名

　ⅳ　監理団体の名称

　ⅴ　受検手続支援申請の有無および有の場合、申請年月日　有（　　年　　月　　日）・無

番号	必要な書類	書式		技能実習の区分（提出の要否）		申請者確認欄		
				1号	2号3号	○をつける		※
1	申請する技能実習計画の対象となる技能実習生の名簿	（機構ホームページに掲載）		◎	◎	有	無	
2	技能実習計画認定申請に係る提出書類一覧・確認表（本表）	（機構ホームページに掲載）		◎	◎	有	無	
3	技能実習計画認定申請書	省令様式第1号	第1面	◎	◎	有	無	
4	技能実習計画		第2面	◎	◎	有	無	
5	入国後講習実施予定表		第3面（D）	◎	×	有	無	
6	実習実施予定表		第4面	◎	×	有	無	
7	実習実施予定表（1年目）		第5面	×	◎	有	無	
8	実習実施予定表（2年目）		第6面	×	◎	有	無	
9	欠格事由非該当の誓約		第7面	◎	◎	有	無	
10	申請者の誓約書	参考様式第1-2号		◎	◎	有	無	
11	技能実習生の旅券（パスポート）その他の身分を証する書類の写し	ー		◎	◎	有	無	
12	技能実習生の履歴書	参考様式第1-3号		◎	●	有	無	
13	次の①～③のうちいずれかの資料 ①外国の所属機関による証明書（団体監理型技能実習） ②教育機関の概要書、外国の公的機関もしくは教育機関または外国の公私の機関が実施した場合は、技能実習生が履修した科目についてその実施機関が証明する文書 ③技能実習を行わせる理由書、訓練実施（予定）表	①参考様式第1-28号 ②参考様式第1-33号、証明書 ③参考様式第1-22号、1-34号		◎	●	有	無	
14	技能実習計画の認定に関する取次送出機関の誓約書	参考様式第1-10号		◎	●	有	無	
15	雇用契約書および雇用条件書の写し	参考様式第1-14号		◎	◎	有	無	
16	技能実習生の報酬・宿泊施設・徴収費用についての説明書	参考様式第1-16号		◎	◎	有	無	
17	技能実習の期間中の待遇に関する重要事項説明書	参考様式第1-19号（A・D）		◎	×	有	無	
		参考様式第1-19号（B・C・E・F）		×	◎	有	無	
18	技能実習生の申告書	参考様式第1-20号		◎	●	有	無	

番号	必要な書類	書式	技能実習の区分（提出の要否）		申請者確認欄		
			1号	2号 3号	○をつける		※
19	技能実習の準備に関し本国で支払った費用の明細書	参考様式第1−21号	◎	●	有	無	
20	技能実習生の推薦状	参考様式第1−23号	◎	●	有	無	
21	同種業務従事経験等説明書（団体監理型技能実習）	参考様式第1−27号	◎	●	有	無	
22	団体監理型技能実習生と取次送出機関との間の技能実習に係る契約書の写し	様式自由	◎	●	有	無	
23	前段階の技能実習計画において目標として定めた技能検定または技能実習評価試験の合格または一部合格を証する書類の写し	−	×	◎	有	無	

○以下は、複数の技能実習計画を同時に申請する場合であって、それぞれの内容がまったく同じときには、2人目以降の申請書類への添付は不要です（その場合、本表上の「ⅲ　技能実習生の氏名」欄に「別添「申請する技能実習計画の対象となる技能実習生の名簿」のとおり。」と記載します）。

番号	必要な書類	書式	1号	2号 3号	○をつける		※
24	申請者の概要書	参考様式第1−1号	◎	◎	有	無	
25	【申請者が法人の場合】登記事項証明書	−	○	○	有	無	
26	【申請者が法人の場合】直近2事業年度の貸借対照表の写し	−	○	○	有	無	
27	【申請者が法人の場合】直近2事業年度の損益計算書または収支計算書の写し	−	○	○	有	無	
28	【申請者が法人の場合】役員の住民票の写し（役所から交付されるものが「住民票の写し」ですので、改めてコピーを取るのではなく、役所から交付されたものを提出します）		○	○	有	無	
29	【申請者が個人事業主の場合】申請者の住民票の写し	−	○	○	有	無	
30	【申請者が個人事業主の場合】直近2年度の納税申告書の写し	−	○	○	有	無	
31	技能実習責任者の履歴書	参考様式第1−4号	○	○	有	無	
32	技能実習責任者の常勤性が確認できる書類（健康保険等の被保険者証などの写し）	−	○	○	有	無	
33	技能実習責任者の就任承諾書および誓約書の写し	参考様式第1−5号	○	○	有	無	
34	技能実習指導員の履歴書	参考様式第1−4号	○	○	有	無	
35	技能実習指導員の常勤性が確認できる書類（健康保険等の被保険者証などの写し）	−	○	○	有	無	

番号	必要な書類	書式	技能実習の区分（提出の要否）		申請者確認欄		
			1号	2号 3号	○をつける		※
36	技能実習指導員の就任承諾書および誓約書の写し	参考様式第１－５号	○	○	有	無	
37	生活指導員の履歴書	参考様式第１－４号	○	○	有	無	
38	生活指導員の常勤性が確認できる書類（健康保険等の被保険者証などの写し）	－	○	○	有	無	
39	生活指導員の就任承諾書および誓約書の写し	参考様式第１－５号	○	○	有	無	
40	技能実習を行わせる理由書	参考様式第１－22号	◎	●△	有	無	
41	監理団体と実習実施者の間の実習監理に係る契約書またはこれに代わる書類の写し	様式自由	○	○	有	無	

【以下は、特定の事由に該当する場合に提出を要する書類です】
○複数の法人による共同実施の場合（親会社と子会社または同一の親会社をもつ複数の法人（親会社と子会社等）の場合）

番号	必要な書類	書式	1号	2号 3号	○をつける		※
42	複数の法人が共同で技能実習生を受け入れる理由書	様式自由	◎	○	有	無	

○複数の法人による共同実施の場合（親会社と子会社等以外で密接な関係を有する場合）

番号	必要な書類	書式	1号	2号 3号	○をつける		※
43	理由書	参考様式第１－26号	○	○	有	無	
44	複数の法人が共同で技能実習生を受け入れる理由書	様式自由	◎	○	有	無	
45	複数の法人（申請者）が事業上密接な関係を有することを証する書類（取引先、提携先等がわかる書類の写し、業務提携契約書の写し、会社パンフレットなど）	－	○	○	有	無	

○中断した技能実習を再開する場合

番号	必要な書類	書式	1号	2号 3号	○をつける		※
46	技能実習を中断した理由および再開するに至った経緯等を記載した理由書	様式自由	◎	◎	有	無	

○再度同じ段階の技能実習を行おうとする場合

番号	必要な書類	書式	1号	2号 3号	○をつける		※
47	再度同じ段階の技能実習を行う理由書	様式自由	◎	◎	有	無	

○移行対象職種・作業以外である場合

番号	必要な書類	書式	1号	2号 3号	○をつける		※
48	技能実習計画における業務内容、使用する素材・材料、機械設備、製品等の例など、技能実習の内容を明らかにする資料として、写真付きの工程表（フローチャート）	様式自由	○	×	有	無	

○外国の準備機関がある場合

番号	必要な書類	書式	1号	2号 3号	○をつける		※
49	外国の準備機関の概要書および誓約書	参考様式第１－13号	◎	●	有	無	

番号	必要な書類	書式	技能実習の区分（提出の要否） 1号	技能実習の区分（提出の要否） 2号 3号	申請者確認欄 ○をつける	申請者確認欄 ※

○第3号技能実習の場合または優良要件を満たすとして人数枠を拡大しようとする場合

| 50 | 優良要件適合申告書（実習実施者） | 参考様式第1－24号 | ◎ | ◎ | 有 | 無 |

○入国前講習を実施する場合

| 51 | 入国前講習実施（予定）表に関する申請者等の誓約書 | 参考様式第1－29号 | ◎ | × | 有 | 無 |
| 52 | 入国前講習が過去6か月以内に行われていない理由を記載した書類（特例） | 様式自由 | ◎ | × | 有 | 無 |

○入国後講習を第1号技能実習の総時間数の24分の1以上に短縮する場合（特例）

| 53 | オンラインでの入国後講習が実施できない理由を記載した書類（特例） | 様式自由 | ◎ | × | 有 | 無 |

○複数の職種および作業に係る技能実習を行わせようとする場合

| 54 | 複数の職種および作業に係る技能実習を行わせる理由書 | 参考様式第1－30号 | ◎ | ●△ | 有 | 無 |

○審査基準に記載のない業務を関連・周辺業務として行わせる場合

| 55 | 理由書 | 参考様式第1－38号 | ◎ | ●△ | 有 | 無 |

○その他の資料等

★	技能実習生の個人情報の取扱いに係る同意書	参考様式第1－39号			有	無
★	委任状	サンプルを機構ホームページに掲載			有	無
★	返信用封筒（申請受理票送付用）　1枚	長形3号封筒 ※84円分の切手を貼付			有	無
★	返信用封筒（結果の通知送付用）　1枚	角形2号または1号封筒に申請件数に応じた郵便料金分の切手を貼付 レターパックプラス（赤色）でも可			有	無
☆	手数料の払込みを証する書類	手数料払込申告書（台紙）（機構ホームページに掲載）	◎		有	無

○技能実習計画の認定を受けた後、技能実習を開始したときに提出する書類（本申請での添付は不要です）

| | 実習実施者届出書 | 省令様式第7号 | | | | |

▶監理団体の指導

団体監理型技能実習において、実習実施者は、技能実習生に修得等をさせようとする技能等について、一定の知識または経験を有する監理団体の役職員の指導のもとで、十分に監理団体と意思疎通を図って技能実習計画を策定することが求められます。

そのため、実習実施者が技能実習生に修得等をさせようとする技能等については、実習監理を受けようとする監理団体の取扱職種の範囲内であることが必要です。

▶技能実習計画の認定手数料

申請者は、技能実習計画の認定手数料として、機構に対し、技能実習計画1件につき3,900円を口座振込みで納付しなければなりません。

第2節　技能実習計画の認定基準（技能実習法第9条）

技能実習計画の認定は、法第9条およびその関係省令に定められており、これらをすべて満たす場合に認定されます。

技能実習計画の認定基準では、修得等をさせる技能等が、技能実習生の母国において修得することなどが困難であることや、同一作業の反復のみで修得等できるものではないことを求めています。また、技能実習計画における実習修了時に到達すべき技能等の水準を技能実習の目標として定める必要があります。

実習実施者には技能実習計画の終期まで技能実習を継続する責任がありますが、実習実施者の都合で技能実習の継続が困難になった場合には、技能実習生の円滑な転籍の支援を図ることが義務付けられています。

技能実習計画の認定基準の詳細は、次のとおりです。

▶技能実習生の母国において修得等が困難であること

技能実習生の受入れは、わが国から技能実習生の母国への技能等の移転を図るという制度の目的から、修得させる技能等が、技能実習生の母国においては修得することなどが困難であるという要件が設けられています。

▶技能実習の目標

技能実習が修了したときに到達すべき技能等の水準として、第1号技能実習から第3号技能実習の各段階において目標を定めなければなりません。

まず、第1号技能実習の修了時には、第2号技能実習に移行する予定がある場合には、技能検定または技能実習評価試験（以下「技能検定等」という）の実技試験と学科試験の受検が必須で、基礎級への合格を目標としなければなりません。第2号技能実習に移行する予定のない場合には、修得をさせる技能等を要する具体的な業務ができるようになることおよびその技能等に関する知識の修得を内容とするものであって、しかも技能実習の期間に照らし

て適切な目標を定めることも可能です。

　次に、第2号技能実習の修了時には、技能検定等の実技試験の受検が必須で、3級の実技試験への合格を目標としなければなりません。

　また、第3号技能実習の修了時には、技能検定等の実技試験の受検が必須で、2級の実技試験への合格を目標としなければなりません。

　なお、第2号または第3号技能実習の修了時においては、学科試験の受検は義務ではありませんが、受検することが勧奨されています。

　「技能検定」は、職業能力開発促進法に基づき、職種ごとに一定の等級に区分して、実技試験と学科試験を行うものです。なお、各等級の合格に必要な技能・知識の程度は次のとおりとされています。

・特級：管理者または監督者が通常有すべき技能・知識
・1級：上級の技能労働者が通常有すべき技能・知識
・2級：中級の技能労働者が通常有すべき技能・知識
・3級：初級の技能労働者が通常有すべき技能・知識
・基礎級：基本的な業務を遂行するために必要な基礎的な技能・知識

　「技能実習評価試験」は、技能実習評価試験の整備等に関する専門家会議による確認のうえ、技能検定に相当する検定試験として、厚生労働省人材開発統括官が認定したものです。

▶技能実習の内容

●修得等をさせる技能等の基準

　技能実習制度は、わが国から技能実習生の母国への技能等の移転を図るものであって、その技能等が、同一の作業の反復によって修得等できる程度のものである場合には、移転すべき技能等として認められません。

　また、第2号または第3号技能実習へ移行し、3年ないし5年の技能実習を行わせるにあたっては、技能実習生が修得等をした技能等について、技能検定等により客観的かつ公正に評価を行うことが求められます。そのうえで、それぞれ第1号または第2号の各段階を修了した際に、技能実習生が目標として定めた技能検定等に合格していなければ、次の段階の技能実習に進めないという仕組みになっています。

　このため、第2号または第3号技能実習については、技能検定等が公的評価システムとして整備されている「移行対象職種・作業」であることが要件として設けられています。

　具体的にどのような作業が移行対象職種・作業に該当するか、技能実習計画の認定を申請する前に、「技能実習計画審査基準」※で確認し、次に述べる「従事させる業務の基準」のとおり、必須業務として必要な条件に適合しなければなりません。

※「技能実習計画審査基準・技能実習実施計画書モデル例・技能評価試験試験基準」（https://www.mhlw.go.jp/stf/seisakunitsuite/bunya/koyou_roudou/jinzaikaihatsu/global_cooperation/002.html）を参照。

移行対象職種・作業一覧（85職種156作業）

（令和3(2021)年3月16日時点）

1 農業関係（2職種6作業）

職種名	作業名
耕種農業●	施設園芸
	畑作・野菜
	果樹
畜産農業●	養豚
	養鶏
	酪農

2 漁業関係（2職種10作業）

職種名	作業名
漁船漁業●	かつお一本釣り漁業
	延縄漁業
	いか釣り漁業
	まき網漁業
	ひき網漁業
	刺し網漁業
	定置網漁業
	かに・えびかご漁業
養殖業●	ほたてがい・まがき養殖

3 建設関係（22職種33作業）

職種名	作業名
さく井	パーカッション式さく井工事
	ロータリー式さく井工事
建築板金	ダクト板金
	内外装板金
冷凍空気調和機器施工	冷凍空気調和機器施工
建具製作	木製建具手加工
建築大工	大工工事
型枠施工	型枠工事
鉄筋施工	鉄筋組立て
とび	とび
石材施工	石材加工
	石張り
タイル張り	タイル張り
かわらぶき	かわらぶき
左官	左官
配管	建築配管
	プラント配管
熱絶縁施工	保温保冷工事
内装仕上げ施工	プラスチック系床仕上げ工事
	カーペット系床仕上げ工事
	鋼製下地工事
	ボード仕上げ工事
	カーテン工事
サッシ施工	ビル用サッシ施工
防水施工	シーリング防水施工
コンクリート圧送施工	コンクリート圧送工事
ウェルポイント施工	ウェルポイント工事
表装	壁装
建設機械施工●	押土・整地
	積込み
	掘削
	締固め
築炉	築炉

4 食品製造関係（11職種18作業）

職種名	作業名
缶詰巻締●	缶詰巻締
食鳥処理加工業●	食鳥処理加工業
加熱性水産加工食品製造業	節類製造
	加熱乾製品製造
	調味加工品製造
	くん製品製造
非加熱性水産加工食品製造業	塩蔵品製造
	乾製品製造
	発酵食品製造
	調理加工品製造
	生食用加工品製造
水産練り製品製造	かまぼこ製品製造
牛豚食肉処理加工業	牛豚部分肉製造
ハム・ソーセージ・ベーコン製造	ハム・ソーセージ・ベーコン製造
そう菜製造業	そう菜加工
農産物漬物製造業▲	農産物漬物製造
医療・福祉施設給食製造	医療・福祉施設給食製造

5 繊維・衣服関係（13職種22作業）

職種名	作業名
紡績運転▲	前紡工程
	精紡工程
	巻糸工程
	合ねん糸工程
織布運転▲	準備工程
	製織工程
	仕上工程
染色	糸浸染
	織物・ニット浸染
ニット製品製造	靴下製造
	丸編みニット製造
たて編ニット生地製造	たて編ニット生地製造
婦人子供服製造	婦人子供既製服縫製
紳士服製造	紳士既製服製造
下着類製造	下着類製造
寝具製作	寝具製作
カーペット製造▲	織じゅうたん製造
	タフテッドカーペット製造
	ニードルパンチカーペット製造
帆布製品製造	帆布製品製造
布はく縫製	ワイシャツ製造
座席シート縫製	自動車シート縫製

6 機械・金属関係（15職種29作業）

職種名	作業名
鋳造	鋳鉄鋳物鋳造
	非鉄金属鋳物鋳造
鍛造	ハンマ型鍛造
	プレス型鍛造
ダイカスト	ホットチャンバダイカスト
	コールドチャンバダイカスト
機械加工	普通旋盤
	数値制御旋盤
	フライス盤
金属プレス加工	金属プレス
鉄工	構造物鉄工
工場板金	機械板金

6 機械・金属関係（続き）

職種名	作業名
めっき	電気めっき
	溶融亜鉛めっき
アルミニウム陽極酸化処理	陽極酸化処理
仕上げ	治工具仕上げ
	金型仕上げ
	機械組立仕上げ
機械検査	機械検査
機械保全	機械系保全
電子機器組立て	電子機器組立て
電気機器組立て	回転電機組立て
	変圧器組立て
	配電盤・制御盤組立て
	開閉制御器具組立て
	回転電機巻線製作
プリント配線板製造	プリント配線板設計
	プリント配線板製造

7 その他（19職種35作業）

職種名	作業名
家具製作	家具手加工
印刷	オフセット印刷
	グラビア印刷
製本	製本
プラスチック成形	圧縮成形
	射出成形
	インフレーション成形
	ブロー成形
強化プラスチック成形	手積み積層成形
塗装	建築塗装
	金属塗装
	鋼橋塗装
	噴霧塗装
溶接	手溶接
	半自動溶接
工業包装	工業包装
紙器・段ボール箱製造	印刷箱打抜き
	印刷箱製箱
	貼箱製造
	段ボール箱製造
陶磁器工業製品製造●	機械ろくろ成形
	圧力鋳込み成形
	パッド印刷
自動車整備●	自動車整備
ビルクリーニング	ビルクリーニング
介護	介護
リネンサプライ▲	リネンサプライ仕上げ
コンクリート製品製造	コンクリート製品製造
宿泊▲	接客・衛生管理
RPF製造	RPF製造
鉄道施設保守整備	軌道保守整備
ゴム製品製造▲	成形加工
	押出し加工
	混練り圧延加工
	複合積層加工

○ 社内検定型の職種・作業（1職種3作業）

職種名	作業名
空港グランドハンドリング●	航空機地上支援
	航空貨物取扱△
	客室清掃▲

（注1）●の職種：技能実習評価試験に係る職種
（注2）△のない職種・作業は3号まで実習可能

　なお、一定の要件を満たす場合に、この移行対象職種・作業に新たな職種・作業を追加することが可能です。

●従事させる業務の基準

　まず、個別具体的に申請があった場合、業務の性質や実習環境等に照らし、従事させる業務が、外国人に技能実習を行わせることが不適当であると認められるものではないことを確認します。移行対象職種・作業である場合や、それと同等と評価できる場合などは、この要件に適合することになります。

　また、従事させる業務は、技能実習を行う事業所で通常行われている業務であり、その事業所における業務において一般的に用いられている機械、器具等の使用が求められます。技能実習生の受入れのみのために、その事業所において通常行われていない業務を行ったり、その事業所において一般的に用いられていない設備等を使用したりすることは認められません。

　さらに、移行対象職種・作業については、技能等の修得等の促進を図り、効果的な技能実習を可能にする観点から、業務に従事させる時間全体のうち、必須業務が2分の1以上、関連業務が2分の1以下、周辺業務が3分の1以下であることが求められます。また、必須業務、関連業務および周辺業務のそれぞれについて、従事させる時間のうち10分の1以上を安全衛生に係る業務を行わせる必要があります。

　3業務の意味は次のとおりです。

必須業務	技能実習生が修得等をしようとする技能等に係る技能検定またはこれに相当する技能実習評価試験の試験範囲に基づき、技能等を修得等するために必ず行わなければならない業務。
関連業務	必須業務に従事する者により、その必須業務に関連して行われることのある業務であって、修得等をさせようとする技能等の向上に直接または間接に寄与する業務。
周辺業務	必須業務に従事する者が、その必須業務に関連して通常携わる業務で、関連業務を除く業務。

　なお、移行対象職種・作業の審査基準に定めている関連業務、周辺業務は例示であり、審査基準に定めのない業務を関連業務、周辺業務として実施することも認められる場合があります。判断に迷う場合には、事前に機構の地方事務所・支所の認定課に相談します。

　移行対象職種・作業でない場合でも、時間配分は定めないものの、移行対象職種・作業の場合に準じて、安全衛生に係る業務を行わせることが求められています。

●技能実習生の基準

　技能実習生には、次に掲げるいずれにも該当することが求められます。

　①　18歳以上であること

② 本制度の趣旨を理解して技能実習を受けようとする者であること

③ 母国に帰国後、わが国で修得等した技能等を要する業務に従事することが予定されていること

　　具体的には、次のようなことが求められています。

・技能実習開始前に所属していた勤務先等に復職することが予定されていること（新たな就職先への内定を含む）

・技能実習開始前に所属していた勤務先等に復職することが予定されていない場合には、帰国後に技能実習生が修得等した技能等を適切に活用できるよう、取次送出機関が就職のあっせんその他の必要な支援を行うこととされていること

④ 企業単独型技能実習にあっては、申請者の外国にある事業所または外国の公私の機関の外国にある事業所の常勤職員であり、かつその事業所から転勤し、または出向する者であること

⑤ 団体監理型技能実習にあっては、わが国において従事しようとする業務と同種の業務に外国において従事した経験を有すること、または団体監理型技能実習に従事することを必要とする特別な事情があること

　　この場合、わが国において受けようとする技能実習において中心的に修得等をしようとする技能等について、送出国で業務として従事した経験を有することが求められています。

⑥ 団体監理型技能実習にあっては、技能実習を受けようとする者が国籍または住所を有する国または地域の公的機関（政府機関、地方政府機関またはこれらに準ずる機関をいう）から推薦を受けて技能実習を受けようとする者であること

　　具体的には、送出国の公的機関が作成した推薦状を技能実習生ごとに提出することが必要になりますが、別紙を用いて複数の技能実習生の推薦状をまとめて発行することは可能です。

⑦ 第3号技能実習においては、次のいずれかに該当するものであること

　ア　第2号技能実習の修了後、本国に1か月以上帰国してから第3号技能実習を開始するものであること

　イ　第2号技能実習の修了後、引き続き第3号技能実習を開始してから1年以内に技能実習を休止して、1か月以上1年未満の期間の一時帰国をした後、休止している技能実習を再開するものであること

　　　なお、一時帰国の時期を変更する場合、機構への届出は不要ですが、地方出入国在留管理局における在留資格変更許可申請または在留期間更新許可申請の審査の際には、技能実習計画に記載されたとおりの一時帰国の有無を確認することになるため、帰国時期の変更を行った旨の説明（様式自由）を添付して申請する必要があります。

⑧ やむを得ない事情がある場合を除いて、同じ技能実習の段階（第1号、第2号、第3号技能実習の各段階をいう）に係る技能実習を過去に受けたことがないこと

　　同じ段階の技能実習を再度受けることが認められるやむを得ない事情としては、次

のものが該当します。

ア　中断後の再開

技能実習生の病気・けが（労災を含む）、技能実習生の家族の都合や、自身の妊娠・出産等により、いったん技能実習の実施が困難になり、帰国した後などに、改めて技能実習の再開を希望する場合が該当します。この場合は、技能実習を中断した理由および再開するに至った経緯等を記載した理由書（様式自由）を提出することが必要になります（後記する、イ　転籍、ウ　再実習（同業種）についても、同様の理由書を提出することが必要）。

なお、技能実習生自身が職務怠慢などにより欠勤していたなど、技能実習を継続する意思や能力を欠くことに起因した中断については、再開は認められません。

イ　転籍

実習実施者の経営上・事業上の都合、実習実施者における実習認定の取消しや実習実施者の労使間の諸問題、対人関係の諸問題等、現在の実習実施者のもとで技能実習を続けさせることが、技能実習の適正な実施および技能実習生の保護という趣旨に沿わないと認められる事情による実習実施先の変更の場合が該当します。

なお、もっぱら技能実習生の都合によるものは認められません。

ウ　再実習（同業種）

第1号技能実習を修了した者が、帰国後に再び、同じ業種の技能等について、同じ段階の技能実習を受ける場合です。原則として、このような再実習を受けることは想定されていませんが、次のような要件をすべて満たす場合に限って、認められる余地があります。

・前回受けた技能実習も今回受けようとする技能実習も、いずれも原則として移行対象職種・作業に係るものではなく、第1号技能実習であること

・前回受けた技能実習において移行対象職種・作業として技能実習計画を策定しなかったことに合理的な理由があること

・前回受けた技能実習の目標が達成されていること

・今回受けようとする技能実習の内容が、前回受けた技能実習の内容と比べて、より上級のものまたは関連する技能等の修得を目的とするものであるとともに、母国で従事している業務との関係において、今回受けようとする技能実習が必要であることについて合理的な理由があること

・前回受けた技能実習で学んだ技能等が、母国において活用されている、または活用される予定があること

■COLUMN

団体監理型技能実習に従事する特別な事情

前頁の⑤に記述のある、「団体監理型技能実習に従事することを必要とする特別な事

情があること」という場合の特別な事情とは次の3点が該当します。

ア　実習実施者または監理団体と送出国との間の技術協力上、特に必要があると認められる場合

　　これは、実習実施者や監理団体と送出国の公的機関との間で、技能実習制度を活用して人材育成を行う旨の協定等に基づき、技能実習を行わせると認められる場合です。

　　この場合、実習実施者や監理団体と送出国の公的機関との間の技術協力上の必要性を立証する資料を提出することが必要になります。

イ　教育機関において同種の業務に関連する教育課程を修了している場合（修了見込みの場合を含む）

　　これは、教育機関の形態は問われていませんが、教育を受けた期間については、6か月以上または320時間以上であることが必要です。

ウ　技能実習生が技能実習を受ける必要性を具体的に説明でき、かつ技能実習を受けるために必要な最低限の訓練を受けている場合

　　この「技能実習生が技能実習を受ける必要性を具体的に説明できる」場合とは、家業を継ぐことになり、その分野の技能実習を受ける必要性が生じた場合、あるいは母国で急成長している分野での就業を希望し、そのためにその分野での技能実習を受ける必要性が生じた場合などをいいます。

　　また、「技能実習を受けるために必要な最低限の訓練」には、次のものが該当します。

・2か月以上の期間かつ320時間以上の課程を有し、そのうち1か月以上の期間かつ160時間以上の課程が、わが国での円滑な技能等の修得等に資する知識（日本語およびわが国での生活一般に関する知識は含まない）の科目に充てられた入国前講習

・2か月以上の期間かつ320時間以上の課程を有し、そのうち1か月以上の期間かつ160時間以上の課程が入国前講習、それ以外の1か月以上の期間かつ160時間以上の課程が技能実習と同種の業務に関連する訓練

●申請者（実習実施者）の基準

　まず、申請者（実習実施者）には、制度の趣旨を理解して技能実習を受けさせようとすることが求められています。これは、制度の趣旨を理解せず、労働力の需給の調整の手段として技能実習生を受け入れる事業者は、技能等の修得等をさせる十分な努力を行わないばかりか、技能実習生に対する労働関係法令違反や人権侵害行為等の問題を生じさせることにもつながる可能性があるためです。

　次に、第1号および第2号の技能実習の計3年間は、基礎的な技能等を効果的、効率的に修得等する期間であるため、同一の実習実施者において一貫して技能等を修得・習熟させることが重要です。したがって、第2号の技能実習計画に係る申請者は、その技能実習生に第1号技能実習を受けさせた者であることが求められます。

　ただし、第1号技能実習と同一の実習実施者でないことについて、やむを得ない事情が

ある場合は、例外的に第1号技能実習を受けさせた者以外の申請者も認められます。この
やむを得ない場合に該当するのは、たとえば、次のとおりです。
・第1号技能実習を受けさせた実習実施者の倒産・経営状態悪化
・第1号技能実習を受けさせた実習実施者における実習認定の取消し
・第1号技能実習を受けさせた実習実施者における労使間の諸問題
・第1号技能実習を受けさせた実習実施者における対人関係の諸問題
・その他、第1号技能実習を行わせた実習実施者で技能実習を続けさせた場合において
　技能実習の適正な実施が期待できないと認められるとき
　なお、第3号技能実習は、基礎的な技能等を効果的、効率的に修得等する期間は終了し
ており、いわゆる応用段階の実習になることから、第2号技能実習を受けさせた実習実施
者と同一の者のもとでの技能実習であることは必ずしも求められていません。技能実習生
の意向に基づいて、実習先を選択することが可能です。

●外国の準備機関の偽変造文書の行使

　外国の準備機関またはその役員が、過去5年以内に技能実習を行わせようとする者に認
定を受けさせる目的で、偽造もしくは変造された文書等の提供を行った場合には、技能実
習計画は認定されません。
　なお、外国の準備機関とは、外国の所属機関その他の技能実習生になろうとする者の外
国における準備に関与する機関のうち、取次送出機関を除いたものをいい、たとえば、技
能実習生が母国で所属していた機関、技能実習生になろうとする者を対象として行う講習
実施機関、技能実習生が渡航するために旅券（パスポート）や航空券取得の代行を行う機
関などが挙げられます。

●技能実習の実施基準

　技能実習を実施する場合には次のいずれにも該当しなければなりません。
①　技能実習生等（技能実習生または技能実習生になろうとする者）またはその配偶
　者、直系もしくは同居の親族その他技能実習生等と社会生活において密接な関係を有
　する者が、その技能実習生等がわが国において受ける技能実習に関連して、保証金の
　徴収その他名目のいかんを問わず、金銭その他の財産を管理されず、しかも技能実習
　に係る契約の不履行について違約金を定める契約その他の不当に金銭その他の財産の
　移転を予定する契約をしないこと
　　この規定は、技能実習生のみならず、技能実習生と社会生活において密接な関係を
　有する者（親族等）までを対象としています。
②　申請者または外国の準備機関（団体監理型技能実習の場合には、申請者、監理団
　体、取次送出機関または外国の準備機関）が、他のこれらの者との間で、技能実習の
　契約の不履行について違約金を定める契約その他の不当に金銭その他の財産の移転を
　予定する契約をしていないこと

　　具体的には、技能実習生が失踪した場合に、制裁として取次送出機関が実習実施者に対し、違約金等を支払うことなどを定める契約などが想定されます。

③　企業単独型技能実習にあっては申請者が、団体監理型技能実習にあっては申請者および監理団体が、技能実習に関連して、技能実習生に対する暴行、脅迫、自由の制限その他人権を侵害する行為が行われていないことを定期的に確認すること、また保証金契約や違約金契約以外にも、技能実習生が不当な取扱いを受けていないこと

　　不当な取扱いとは、たとえば、取次送出機関の日本駐在事務所の職員が、技能実習生との間で外出禁止等の不当な取決めをしているような場合などが想定されます。

④　団体監理型技能実習にあっては、技能実習生等が、技能実習の申込みの取次ぎまたは外国における技能実習の準備に関して取次送出機関または外国の準備機関に支払う費用につき、その額および内訳を十分に理解してこれらの機関との間で合意していること

　　したがって、取次送出機関が監理団体へ技能実習生を取り次ぐ場合にあっては、その技能実習生が取次送出機関および外国の準備機関から徴収された費用の額およびその内訳について、技能実習生から聴取するなどして、その費用が技能実習生の合意のもとで徴収されたものであることを確認することが必要です。

●講習の基準

　第1号技能実習にあっては、入国後講習が次のいずれにも該当するものであることが必要です。なお、新型コロナウイルス感染症の影響を踏まえ、オンラインでの実施を可能としています。

①　企業単独型にあっては申請者が、団体監理型にあっては監理団体が、自らまたは他の適切な者に委託して、座学（見学を含む）により実施するものであること

②　科目が次に掲げるものであること

　ア　日本語

　　　技能実習が行われる現場においては、日本語による指導やコミュニケーションが行われるのが通常であること、また、技能実習生はわが国で生活することになるため、技能実習の基盤となる日常生活を円滑に送るためにも一定の日本語能力が必要となることから、技能実習生が技能実習の遂行や、日常生活に不自由しないレベルに達することができるよう入国後講習を行うことが望まれます。

　イ　わが国での生活一般に関する知識

　　　わが国の法律や規則、社会生活上のルールやマナーを守る必要があることから、自転車の乗り方等日本の交通ルール、公共機関の利用方法、国際電話の掛け方、買い物の仕方、ゴミの出し方、銀行・郵便局の利用方法、自然災害への備えなどの対処方法、感染症の予防などさまざまなものがあります。技能実習生が日常生活に困らないよう、居住する地域のルールや情報収集の仕方などをはじめ、丁寧に説明することが重要です。

ウ　出入国または労働に関する法令の規定に違反していることを知ったときの対応方法、その他技能実習生の法的保護に必要な情報（専門的知識を有する者（団体監理型に係るものの場合には、申請者または監理団体に所属する者を除く）が講義を行うものに限る）

　　具体的には、次の事項等が講義内容に含まれていなければなりません。講義では、技能実習生手帳の該当部分を示し、また、出入国在留管理庁作成の広報動画を活用するなど、わかりやすく説明します。

・技能実習法令、入管法令、労働関係法令に関する知識
・実習実施者や監理団体等が技能実習法令等の規定に違反していることを知ったときの対応方法（申告・相談）
・労働基準関係法令違反の申告・相談先である労働基準監督署等の行政機関への連絡方法（申告による不利益取扱いの禁止に係る事項を含む）
・賃金未払に関する立替払制度や休業補償制度、労働安全衛生や労働契約に関する知識
・厚生年金保険の脱退一時金、医療保険の手続
・男女雇用機会均等法で定める婚姻、妊娠、出産等を理由とする解雇その他不利益な取扱いの禁止、妊娠した場合の支援制度（健康保険の出産手当金や出産育児一時金）
・その他、やむを得ない理由による転籍をしなければならなくなった際の対応、雇用保険や医療保険の切り換え手続、入管法の手続
・機構や監理団体の相談窓口

　　なお、上記の「法的保護に必要な情報」における「専門的知識を有する者」とは、技能実習法令、入管法令、労働関係法令等、技能実習生の法的保護に必要な情報について十分な知識を有すると認められる者となります。

エ　わが国での円滑な技能等の修得等に資する知識

　　技能実習生が従事する業務内容を具体的に理解できるよう、認定計画の内容等を説明することが求められます。このほか、機械の構造や操作に関する知識のほか、技能実習への心構え、企業内での規律等の講義が想定されます。商品生産施設での機械操作教育や安全衛生教育は、講習とは別に実習実施者において、技能等の修得のための活動として実施しなければなりません。

　入国後講習の総時間数（実施時間が8時間を超える日については、8時間として計算する）については、次の要件を満たした入国前講習を実施しない場合は第1号技能実習の予定総時間数の6分の1以上、実施する場合は第1号技能実習の予定総時間数の12分の1以上となります。その入国前講習の要件というのは、過去6か月以内に、わが国外において、前記の②のア、イまたはエに掲げる科目につき、1か月以上の期間かつ160時間以上の課程を有し、座学により実施されるものであって、次のいずれかに該当するものをいいます。

・企業単独型に係るものである場合では申請者が、団体監理型に係るものである場合では監理団体が、自らまたは他の適切な者に委託して実施するもの

・外国の公的機関または教育機関が行うものであって、企業単独型に係るものである場合では申請者、団体監理型に係るものである場合では監理団体において、その内容が入国後講習に相当すると認められたもの

なお、入国後講習の実施時期については、企業単独型の場合はウの科目のみ、団体監理型の場合はすべての科目について、実習実施者における技能等の修得活動を行わせる前に実施しなければなりません。

■ COLUMN ■

新型コロナウイルス感染症の感染拡大による特例措置

新型コロナウイルス感染症の感染拡大による人の国際的な移動に関する制限が長期化していることにより、

・技能実習生が入国する時期によっては、送出国・地域において受けていた講習が入国前講習の要件を満たさなくなること

・入国者に対するわが国の防疫措置により、入国後の講習開始までに一定の時間を要すること

が想定されることを踏まえ、技能実習生の保護を図るため、令和3（2021）年2月の改正において、前頁で述べた入国後講習の実施時期と時間数に関し、次の特例措置が設けられています。

① 「過去6か月以内」の特例について

入国前講習の要件のうち「過去6か月以内」に実施することについて、機構が新型コロナウイルス感染症のまん延の状況等を考慮してやむを得ないと認められる場合には、令和元（2019）年8月1日以降に技能実習生が受講する講習が入国前講習として認められます。

入国前講習が過去6か月以内に行われていない場合には、その講習が令和元（2019）年8月1日以降に行われていること、およびその理由について新型コロナウイルス感染症による入国制限によるものであることを機構が申請者に確認します。なお、この特例措置は、令和3（2021）年7月の改正において1年間延長されました（期限：令和4（2022）年7月31日）。

② 「12分の1以上」の特例について

要件を満たす入国前講習を実施する場合に「第1号技能実習の予定総時間数の12分の1以上」とする入国後講習の時間数については、機構が新型コロナウイルス感染症のまん延の状況等を考慮してやむを得ないと認める場合であって、技能実習生がわが国外において、「45日以上の期間かつ240時間以上」の課程を有し、座学により実施される講習を受けているときは、「第1号技能実習の予定総時間数の24分の1以上」

に短縮することが認められます。この場合、入国後の待機期間中にオンラインでの入国後講習が実施できない理由を機構が申請者に確認します。

▶技能実習の期間

　第1号技能実習の期間は1年以内、第2号または第3号技能実習の期間は2年以内です。

　技能実習の認定の基準である同一区分の技能実習の期間については、原則として単一の技能実習計画の範囲内で判断されます。ただし、同じ段階の技能実習を行ったことについてやむを得ない事情がある場合として、中断後の再開または転籍を行う場合にあっては、すでに行った同一段階の技能実習計画上の技能実習期間と通算してその期間が判断されます。

　なお、技能実習法上で認定を受けた技能実習の期間内であったとしても、技能実習生が在留資格上定められている在留期間を過ぎて技能実習を行うことは認められないので、この場合には、地方出入国在留管理局に対し、在留期間の更新許可の申請を行う必要があります。

▶前段階の技能実習における目標の達成

　第2号または第3号技能実習に係る技能実習計画の認定を受けるためには、前段階の技能実習の目標を達成していなければなりません。

- ・第2号技能実習の場合：第1号技能実習で目標として定めた基礎級の技能検定等への合格が必要
- ・第3号技能実習の場合：第2号技能実習で目標として定めた3級の技能検定等の実技試験への合格が必要

　技能検定等の合否結果が出ていない状況で次の段階の技能実習計画の認定申請を行うことになった場合には、受検中または受検予定であることがわかる資料を添えて申請を行い、合格が判明した後に、資料の追完を行わなければなりません。

▶修得等をした技能等の評価

　技能実習生が修得等をした技能等の評価は、次のとおりに行われます。

- ・移行対象職種・作業に係るもので技能検定等の合格に係る目標を定めている場合：技能実習生の技能検定等の受検
- ・移行対象職種・作業に係るものでない第1号技能実習の場合等：技能実習指導員による技能実習計画の目標が達成されているかどうかの確認

　なお、技能実習指導員による確認は、技能実習計画において、技能検定等の合格以外の目標を定めた場合に限られます。

　技能検定等の受検については、次の時期に受検することが推奨されます。

- ・第1号技能実習：第1号技能実習が修了する2〜3か月前まで
- ・第2号技能実習：第2号技能実習が修了する2〜6か月前まで
- ・第3号技能実習：第3号技能実習が修了するまで

　技能実習期間中の再受検は、1回に限り認められます。

　このことを踏まえて、技能実習を受けさせる前に、技能実習を受けさせる職種・作業等、受検すべき技能検定等の種類、受検時期その他必要な事項を明らかにして計画的に準備を行う必要があります。

▶技能実習を行わせる体制

次のいずれにも適合することが求められます。

●技能実習責任者の選任

　禁錮以上の刑に処せられ、その執行を終えた日から5年を経過していないなどの欠格事由に該当する者、過去5年以内に出入国または労働に関する法令について不正または著しく不当な行為をした者、未成年者は、技能実習責任者になることができません。

　技能実習責任者は、次の3点の条件を満たす者でなければなりません。

① 　実習実施者またはその常勤の役員もしくは職員である者

② 　自己以外の技能実習指導員、生活指導員その他の技能実習に関与する職員を監督することができる立場にある者

③ 　過去3年以内に技能実習責任者に対する講習（主務大臣である法務大臣と厚生労働大臣が告示した養成講習機関が実施する講習）を修了した者

　技能実習責任者は、技能実習指導員、生活指導員等を監督する立場にあることから、新入職員等の業務の経験が少ない者等を技能実習責任者に選任することは認められません。

　なお、技能実習責任者、技能実習指導員および生活指導員は、おのおのに求められる要件を備えたうえであれば、兼務することは可能です。

●技能実習指導員の選任

　禁錮以上の刑に処せられ、その執行を終えた日から5年を経過していないなどの欠格事由に該当する者、過去5年以内に出入国または労働に関する法令について不正または著しく不当な行為をした者、未成年者は、技能実習指導員になることができません。

　技能実習指導員は、技能実習を担当するために、次の2点の条件を満たす者でなければなりません。

① 　実習実施者またはその常勤の役員もしくは職員のうち、技能実習を受けさせる事業所（工場など）に所属する者

② 　修得等をさせようとする技能等について5年以上の経験を有する者

　技能実習指導員は、技能実習生が修得等をする技能等について5年以上の経験を持つことが必要ですが、これは実習内容を充実させ、技能実習生に対して十分に指導できるようにするため設けられているものです。この場合、実習実施者における経験に限定されず、実習実施者でない他の機関での経験年数も含めることができます。

　なお、複数の職種および作業に係る技能実習を行わせる場合は、そのすべての職種および作業に係る修得等をする技能等について、5年以上の経験を有することが必要になりま

す。技能実習指導員が一人ですべての経験を網羅することが困難な場合には、職種および作業ごとに異なる技能実習指導員を配置することも可能です。

●生活指導員の選任

禁錮以上の刑に処せられ、その執行を終えた日から5年を経過していないなどの欠格事由に該当する者、過去5年以内に出入国または労働に関する法令について不正または著しく不当な行為をした者、未成年者は、生活指導員になることができません。

生活指導員は、技能実習生の生活の指導を担当するために、実習実施者またはその常勤の役員もしくは職員のうち、技能実習を受けさせる事業所（工場など）に所属する者でなくてはなりません。

なお、生活指導員は、技能実習生のわが国における生活上の留意点について指導するだけでなく、技能実習生の生活状況を把握するほか、技能実習生からの相談に乗るなどして、問題の発生を未然に防止することが求められます。ただし、生活指導員がすべての生活指導を自ら行わなければならないものではなく、補助者を付けて生活指導をすることも可能です。

●入国後講習の施設確保

入国後講習を実施する施設は、第1号企業単独型技能実習にあっては実習実施者が、第1号団体監理型技能実習にあっては監理団体が、それぞれ確保しなければなりません。

入国後講習は、座学で行われることに照らして、机と椅子が整えられた学習に適した施設で行われなければなりませんが、実習実施者または監理団体がその施設を所有していることまでを求められるものではなく、たとえば市や町の公民館を借りるなど、他から賃借するなどの方法で施設を確保することでも差し支えありません。新型コロナウイルス感染症の影響を踏まえ、当面の間、講師と技能実習生が、同時に双方向で意思疎通する方法（音声と映像が伴うものに限る）によりオンラインで実施することを可能としています。なお、このような方法で入国後講習を行う場合であっても、実施方法や実施した事実が客観的に確認できるよう、適切に記録を行うことが必要です。

なお、入国後講習の実施期間中に技能実習生が宿泊する施設については、後述（57頁）する事項が確認できる適切な宿泊施設を確保する必要があります。

●労災保険関係成立等の措置

実習実施者または監理団体は、事業に関する労働者災害補償保険（労災保険）に係る保険関係の成立の届出をしなければなりません。

なお、労災保険の暫定任意適用事業となる場合（農林水産の事業の一部）は、暫定任意適用事業として保険関係の手続を行うか、その他これに類する措置として民間の任意保険に加入しなければなりません。

●帰国旅費の負担

　企業単独型技能実習実施者または監理団体は、技能実習生の帰国旅費を負担するとともに、技能実習の修了後の帰国が円滑になされるよう必要な措置を講じなければなりません。

　これは、技能等を移転するという技能実習制度の趣旨に鑑みて、技能実習生の帰国に支障を来さないようにするために、企業単独型実習実施者または監理団体が帰国旅費の全額を負担し、必要な措置として、技能実習生が帰国するまでの間、生活面等で困ることがないよう、技能実習生がおかれた状況に応じて、その支援を行うことにしているものです。

　この措置については、帰国予定の技能実習生の在留資格が、帰国が困難である等の事情により他の在留資格に変更された場合であっても同様です。

　監理団体は、必要な措置を講じるにあたって生じる費用および帰国旅費については、その他諸経費として、監理費（実費に限る）を実習実施者から徴収することができますが、技能実習生に負担させることは、いかなる理由でも認められません。

■ COLUMN ■

一時帰国に要する旅費について

　第2号技能実習修了後または第3号技能実習開始後1年以内に行う一時帰国に係る本国への帰国旅費およびわが国への渡航旅費については、技能実習生の一時帰国を確実なものとするため、その負担は企業単独型実習実施者または監理団体に求められています。

　ただし、第2号技能実習修了後の一時帰国におけるわが国への渡航旅費については、第2号技能実習を行っている間に第3号技能実習に係る技能実習計画の認定申請を行った場合に限り、第3号技能実習を行う企業単独型実習実施者または監理団体が負担することになります。

　第2号技能実習と第3号技能実習の実習実施者が異なる場合、第2号技能実習修了後の一時帰国時の帰国旅費については第2号技能実習を行った企業単独型実習実施者または監理団体が、第3号技能実習開始前のわが国への渡航旅費については第3号技能実習を行う企業単独型実習実施者または監理団体が、それぞれ負担することになります。

●外国の送出機関からの取次ぎ

　団体監理型技能実習においては、監理団体が取次ぎを受ける場合には、外国の送出機関からでなければなりません。これは、技能実習生の保護の観点から、一定の基準を満たした外国の送出機関からのみの取次ぎを認めるものです。

　送り出した技能実習生の失踪率が著しく高い送出機関は、外国の送出機関に該当しないものと判断される場合があります。この場合、そのような送出機関を取次送出機関とした技能実習計画の認定の申請については、認定を受けることができません。

●人権侵害行為、偽変造文書等の行使等

技能実習計画の認定を受けるためには、過去5年以内に技能実習生の人権を著しく侵害する行為を行っていないこと、申請者等が不正な目的で偽変造文書等の行使等を行っていないことが必要です。

技能実習生の人権を著しく侵害する行為の代表的な例としては、実習実施者またはその役職員による技能実習生への暴行や暴言のほか、技能実習生から人権侵害を受けた旨の申告があり、人権擁護機関において人権侵犯の事実が認められた場合や、実習実施者が技能実習生の意に反して預金通帳を取り上げていた場合などが考えられます。

また、不正な目的での偽変造文書等の行使等の代表的な例としては、機構が実習実施者に対し実地検査をした際、技能実習生に対する賃金の不払事実を隠蔽するために、二重に作成した虚偽の賃金台帳を提示したような場合などが考えられます。

●法令違反時の報告、二重契約の禁止

実習認定の取消事由に該当するに至った場合は、企業単独型実習実施者は機構の地方事務所・支所の指導課に、団体監理型実習実施者は監理団体に、その事実を報告しなければなりません。団体監理型実習実施者からその報告を受けた監理団体は、監査等を行うことにより、その事実を確認しなければなりません。

企業単独型実習実施者による機構への報告は、実習認定取消事由該当事実に係る報告書（参考様式第3－1号）によって行います。団体監理型実習実施者による監理団体への報告は、書面・口頭を問わず、適宜の方式で報告することで差し支えありません。

また、実習実施者または監理団体は、技能実習計画と反する内容の取決めを技能実習生との間で行ってはなりません。技能実習計画と反する内容の取決めの代表的な例としては、技能実習生の雇用契約について、技能実習計画の認定申請の際に提出した雇用契約書に記載された報酬より低い報酬を支払う旨の別の合意を行っていた場合などが考えられます。

●監理団体の改善命令

団体監理型技能実習で監理団体が改善命令を受けたことがある場合は、その改善命令を受けた点について、その監理団体が改善に必要な措置を取っている必要があります。

●行方不明者の発生

実習実施者または監理団体は、過去1年以内に責めに帰すべき事由により技能実習生の行方不明者を発生させていないことが求められます。

受け入れている技能実習生が行方不明となった場合には、「技能実習実施困難時届出書」（企業単独型技能実習生については本章第10節89頁、団体監理型技能実習生については第4章第10節140頁をそれぞれ参照）を遅滞なく提出しなければなりません。

●技能実習を継続して行わせる体制

　技能実習を継続して行わせる体制の観点から、実習実施者は、一定程度の財務的基盤を有することが必要です。これは、実習実施者の事業年度末における欠損金の有無、債務超過の有無等から総合的に勘案されることになります。

　また、技能実習生の人数および作業内容に照らして、技能実習指導員の数が著しく少ない場合などには、その体制を強化し適切なものとすることが求められます。

●特定の職種・作業

　技能実習法は、主務大臣である法務大臣と厚生労働大臣が制度全体の適正化を図ることに加え、個別の職種分野について、その職種に係る知見を有する事業所管省庁が一定の関与を行い、適正化を図ることができる制度となっています。また、事業所管大臣がその特定の職種および作業に特有の事情を踏まえた告示を制定することが可能となっています。

　技能実習を行わせる体制の基準に関して、この告示が定められた場合には、事業所管省庁、法務省、出入国在留管理庁、厚生労働省および機構のホームページ等で周知されます。

▶技能実習を行わせる事業所の設備

　技能実習生が技能等を適正に修得等をするためには、事業所の設備が整っていることが欠かせません。必要な機械、器具その他の設備というのは、技能実習生に行わせる業務により異なりますが、移行対象職種・作業として実習を行う場合には、その移行対象職種・作業の技能実習計画の審査基準、技能実習計画のモデル例、技能検定等の実技試験過去問題などを参照し、記載のある機械、器具等を用いて技能等の修得などを行わせることが推奨されます。

▶監理団体による実習監理

　団体監理型技能実習の場合、実習実施者は、技能実習計画の作成について指導を受けた監理団体による実習監理を受けなければなりません。

　また、監理団体は監理責任者を選任しなければなりませんが、監理責任者は、実習実施者の役職員もしくは過去5年以内に役職員であった場合や、これらの者の配偶者もしくは二親等以内の親族である場合は、その実習実施者の実習監理を行うことはできず、他の監理責任者を新たに選任し、実習監理を行わせる必要があります。

▶技能実習生の待遇

　技能実習生に対する報酬の額が、日本人が従事する場合の報酬と同等以上であることと、その他技能実習生の待遇が省令で定める次の基準に適合しなければなりません。

●技能実習生に対する報酬の額

　技能実習生に対する報酬の額は、技能実習生であるという理由で不当に低くなるということがあってはなりません。同程度の技能等を有する日本人労働者がいる場合には、技能実習生に任される職務内容や職務に対する責任の程度がその日本人労働者と同等であるこ

とを説明したうえで、その日本人労働者に対する報酬の額と同等以上であることを説明する必要があります。

　技能実習生に対する報酬の額が日本人労働者に対する報酬の額と同等以上であるということについて、同程度の技能等を有する日本人労働者がいない場合、賃金規程があればその規程に照らした個々の企業の報酬体系の観点から、賃金規程がなければ、たとえば、技能実習生に任される職務内容や職務に対する責任の程度が最も近い職務を担う日本人労働者と比べてどのように異なるかという観点から、説明を行います。

　なお、技能検定等の受検料や監理団体に支払う監理費等の費用がかかるからといって、技能実習生の報酬の額を低くすることは許されません。技能実習制度では、時間外労働を原則として想定していませんが、やむを得ない業務上等の事情などにより時間外労働等を行わせる場合、適正に割増賃金が支払われなければなりません。

　技能実習生に対し待遇を説明する際には、技能実習生の言語に対応する雇用契約書および雇用条件書（参考様式第1−14号）を提示して説明します。必要に応じて通訳人をつけるなどしたうえで、内容を詳細に説明し技能実習生の理解を得ることが望ましいです。その際、賃金については、総支給額のみを説明するのではなく、控除される税金・社会保険料についてや、食費・居住費等を徴収する場合には、その金額や目的、内容等について丁寧に説明します。

●宿泊施設の確保

　実習実施者または監理団体は、技能実習生のための適切な宿泊施設を確保しなければなりません。「基本方針」（27頁参照）において、実習実施者は、技能実習生が健康で快適な実習生活を送れるようにするため、快適な住環境を確保することとされており、これを踏まえて、適切な宿泊施設を確保します。新型コロナウイルス感染症の感染を防止するため、宿泊施設においても3つの密（換気の悪い密閉空間、多数が集まる密集場所、間近で会話や発声をする密接場面）を避けることができるよう、必要な対応を行います。また、次の事項を確認できることが必要です。

①　宿泊施設を確保する場所は、爆発物、可燃性ガス等の火災による危険の大きい物を取扱い・貯蔵する場所の付近、高熱・ガス・蒸気・粉じんの発散等衛生上有害な作業場の付近、騒音・振動の著しい場所、雪崩・土砂崩壊のおそれのある場所、湿潤な場所、出水時浸水のおそれのある場所、伝染病患者収容所建物および病原体による汚染のおそれの著しいものを取り扱う場所の付近を避ける措置を講じていること

②　2階以上の寝室に寄宿する建物には、容易に屋外の安全な場所に通ずる階段を2か所以上（収容人数15人未満は1か所）設ける措置を講じていること

③　適当かつ十分な消火設備を設置する措置を講じていること

④　寝室については、床の間・押入を除き、1人あたり4.5㎡以上を確保することとし、個人別の私有物収納設備、室面積の7分の1以上の有効採光面積を有する窓および採暖の設備を設ける措置を講じていること

　　なお、私有物収納設備については、プライバシーの確保や盗難防止の観点から、身の回りの品を収納できる一定の容量があり、しかも施錠可能で持出不可なものであることが必要です（個人別に施錠可能な部屋がある場合を除く）。

　　収納設備に施錠機能がない場合には、南京錠やチェーンロックなどにより施錠機能を施します。また、収納設備が建物に備え付けられていない場合、防犯ワイヤー等で建物に固定します。

　　たんに押し入れの中を技能実習生ごとに区分けしたり、個人ごとの収納ボックスを付与したりしただけでは、私有物収納設備とは認められません。なお、鍵については、その私有物収納設備等を使用する技能実習生自身に管理させなければなりません。

⑤　就眠時間を異にする２組以上の技能実習生がいる場合は、寝室を別にする措置を講じていること

⑥　食堂または炊事場を設ける場合は、照明・換気を十分に行い、食器・炊事用器具を清潔に保管し、ハエその他の昆虫・ネズミ等の害を防ぐための措置を講じていること

⑦　他に利用し得るトイレ、洗面所、洗濯場、浴場（脱衣室を含む）のない場合には、その施設を設けることとし、施設内を清潔にする措置を講じていること（各施設は一般的な機能を有する設備を設け、浴場は保温性を維持し、必要に応じ、プライバシーが守られるよう十分に配慮されていること）

⑧　宿泊施設が労働基準法に規定する事業の附属寄宿舎に該当する場合は、同法で定められた寄宿舎規則の届出等を行っているか、または速やかに行うこととしていること

⑨　宿泊施設内の共用部分については、必要に応じ、消毒するなどの衛生管理を行い、感染症の発生やまん延防止のための措置を講じていること

　　これらの確認事項は、入国後講習の実施期間中に技能実習生が宿泊する施設についても同様です。

　　なお、監理団体等が確保した宿泊施設とは別の物件を技能実習生が宿泊施設として希望した場合（たとえば、近隣の賃貸物件を希望した場合）には、技能実習生の自己負担により、前記の基準を満たす宿泊施設に変更することは差し支えありませんが、その場合には技能実習計画の変更の届出が必要になります。

　　宿泊施設については、適切な宿泊施設を確保しているものとされているため、原則として、技能実習計画認定申請時に、契約により確保されている必要があります。しかし、それが困難である特段の事情がある場合には、確保予定の個別具体的な宿泊施設について、その概要が明らかになる資料（見取り図）を示しつつ、申請して差し支えありません。なお、技能実習計画の認定後、その宿泊施設とは別の宿泊施設に変更することとなった場合には、計画の変更届出が必要です。

●入国後講習への専念措置

　　実習実施者または監理団体は、第１号技能実習生が入国後講習を受講する期間におい

て、講習に専念できるよう期間中の技能実習生の待遇を確保することが求められます。具体的には、入国後講習期間中に技能実習生の自己負担が発生する一方で手当が支給されない場合などには、入国後講習に専念することができないことが想定されます。そのため、食費、居住費等に自己負担がある場合に、これと同等以上の額の講習手当が支払われることが必要です。

●監理費の負担禁止
　監理費として徴収される費用については、直接的にも、間接的にも、技能実習生に負担させてはなりません。

●技能実習生が定期に負担する費用
　食費、居住費、水道・光熱費など技能実習生が定期に負担する費用については、技能実習生との間で合意されている必要があり、また、その費用が実費に相当する等適正な額でなければなりません。
　食費については、提供される食事、食材等の提供内容に応じて、次のように合理的な費用でなければなりません。
　　・食材、宅配弁当等の現物支給の場合：購入に要した額以内の額
　　・社員食堂での食事提供の場合：従業員一般に提供する場合に技能実習生以外の従業員から徴収する額以内の額
　　・食事の調理・提供の場合：材料費、水道・光熱費、人件費等の費用の提供を受ける者（技能実習生のみに限られない）の人数で除した額以内の額
　居住費については、自己所有物件の場合、借上物件の場合に応じて、次のとおりでなければなりません。
　　・自己所有物件の場合：実際に建設・改築等に要した費用、物件の耐用年数、入居する技能実習生の人数等を勘案して算出した合理的な額
　　・借上物件の場合：借上げに要する費用（管理費・共益費を含み、敷金・礼金・保証金・仲介手数料等を含まない）を入居する技能実習生の人数で除した額以内の額
　なお、借上物件であっても、監理団体・実習実施者の役員、専従者、同居の親族の所有物件である場合などで、実質的に貸主が監理団体・実習実施者と同一視できる場合には、借上物件として評価すべき事情について詳細な説明が必要な場合があります。
　水道・光熱費については、実際に要した費用をその宿泊施設で技能実習生と同居している者（実習実施者やその家族を含む）の人数で除した額以内の額でなければなりません。

●報酬の口座振込み等
　技能実習生への報酬の支払いをより確実で適正なものとするため、技能実習生に現実に支払われた額を確認することができる方法によって支払うことが求められます。このため、支払方法にかかわらず、報酬の支払状況が確認できる資料を保管し、機構等による検

査および監理団体による監査の際に示せるようにしておく必要があります。

　なお、預貯金口座への振込みを行う場合には、技能実習生に対し、報酬の支払方法として預貯金口座への振込みがあることを説明したうえで、同意を得ることが必要になります。

●特定の職種・作業

　技能実習法は、主務大臣である法務大臣と厚生労働大臣が制度全体の適正化を図ることに加え、個別の職種分野について、その職種に係る知見を有する事業所管省庁が一定の関与を行い、適正化を図ることができる制度となっています。そして、事業所管大臣がその特定の職種および作業に特有の事情を踏まえた告示を制定することが可能となっています。

　技能実習生の待遇に関する基準に関して、この告示が定められた場合には、事業所管省庁、法務省、出入国在留管理庁、厚生労働省および機構のホームページ等で周知されます。

▶優良な実習実施者

　優良な実習実施者の基準については、技能等の修得等をさせる能力につき高い水準を満たすと認められるものであることとされています。

　具体的には、次の表で6割以上の点数（新配点：150点満点で90点以上、旧配点：120点満点で72点以上）を獲得することが必要です。

　「技能実習制度 運用要領」（令和2（2020）年4月改訂版）における配点（旧配点）では、120点満点で72点以上を獲得した場合に「優良」であると判断されていましたが、令和2（2020）年11月の一部項目の追加および配点の改正により、150点満点で90点以上を獲得した場合に「優良」であると判断されることになりました。なお、令和2（2020）年11月から令和3（2021）年10月までの間は、旧配点と新配点のいずれかを選択することが可能とされていました。

	項目	配点
①技能等の修得等に係る実績	【最大70点】	
	Ⅰ　過去3技能実習事業年度の基礎級程度の技能検定等の学科試験および実技試験の合格率（旧制度の基礎2級程度の合格率を含む）	・95％以上：20点 ・80％以上95％未満：10点 ・75％以上80％未満：0点 ・75％未満：−20点
	Ⅱ　過去3技能実習事業年度の2・3級程度の技能検定等の実技試験の合格率 ＜計算方法＞ 分母：新制度の技能実習生の2号・3号修了者数−うちやむを得ない不受検者数＋旧制度の技能実習生の受検者数	・80％以上：40点 ・70％以上80％未満：30点 ・60％以上70％未満：20点 ・50％以上60％未満：0点 ・50％未満：−40点

	項目	配点
	分子：（3級合格者数＋2級合格者数×1.5）×1.2 ＊旧制度の技能実習生の受検実績について、施行日以後の受検実績は必ず算入 ＊上記の計算式の分母の算入対象となる技能実習生がいない場合は、過去3技能実習事業年度には2号未修了であった者の申請日時点の3級程度の技能検定等の実技試験の合格実績に応じて、右欄のとおり加点	＊左欄に該当する場合 ・合格者3人以上：20点 ・合格者2人：10点 ・合格者1人：5点 ・合格者0人：0点
	Ⅲ　直近過去3年間の2・3級程度の技能検定等の学科試験の合格実績 ＊2級、3級で分けず、合格人数の合計で評価	・合格者2人以上：5点 ・合格者1人：3点
	Ⅳ　技能検定等の実施への協力 ＊技能検定委員（技能検定における学科試験および実技試験の問題の作成、採点、実施要領の作成や検定試験会場での指導監督などを職務として行う者）または技能実習評価試験において技能検定委員に相当する者を社員等の中から輩出している場合や、実技試験の実施に必要とされる機材・設備等の貸与等を行っている場合を想定	・有：5点
②技能実習を行わせる体制	【最大10点】	
	Ⅰ　直近過去3年以内の技能実習指導員の「技能実習指導員講習」受講歴	・全員有：5点
	Ⅱ　直近過去3年以内の生活指導員の「生活指導員講習」受講歴	・全員有：5点
③技能実習生の待遇	【最大10点】	
	Ⅰ　第1号技能実習生の賃金（基本給）のうち最低額のものと最低賃金法上の最低賃金の比較	・115％以上：5点 ・105％以上115％未満：3点
	Ⅱ　技能実習生の賃金に係る技能実習の各段階ごとの昇給率	・5％以上：5点 ・3％以上5％未満：3点
	Ⅲ　技能実習生の住環境の向上に向けた取組み	・有：5点
④法令違反・問題の発生状況	【最大5点】	
	Ⅰ　直近過去3年以内に改善命令を受けたことがあること（旧制度の改善命令相当の行政指導を含む）	・改善未実施：－50点 ・改善実施：－30点
	Ⅱ　直近過去3年以内における失踪がゼロまたは失踪の割合が低いこと（旧制度を含む）	・ゼロ：5点 ・10％未満または1人以下：0点 ・20％未満または2人以下：－5点 ・20％以上または3人以上：－10点
	Ⅲ　直近過去3年以内に責めによるべき失踪があること（旧制度を含む）	・該当：－50点

	項目	配点
⑤相談・支援体制	【最大45点（新配点）】 または 【最大15点（旧配点）】	
	Ⅰ　母国語相談・支援の実施方法・手順を定めたマニュアル等を策定し、関係職員に周知していること	・有：5点
	Ⅱ　受け入れた技能実習生について、すべての母国語で相談できる相談員を確保していること（旧制度を含む）	・有：5点
	Ⅲ　直近過去3年以内に、技能実習の継続が困難となった技能実習生に引き続き技能実習を受ける機会を与えるためにその技能実習生の受入れを行ったこと	（旧配点） ・有：5点 （新配点） ・基本人数枠以上の受入れ：25点 ・基本人数枠未満の受入れ：15点
	Ⅳ　技能実習の継続が困難となった技能実習生（他の監理団体傘下の実習実施者で技能実習を行っていた者に限る）に引き続き技能実習を行う機会を与えるため、実習先変更支援サイトに監理団体を通じて受入れ可能人数の登録を行っていること	（新配点） ・有：10点 ※新配点のみに設けられた加点項目です。
⑥地域社会との共生	【最大10点】	
	Ⅰ　受け入れた技能実習生に対し、日本語の学習の支援を行っていること	・有：4点
	Ⅱ　地域社会との交流を行う機会をアレンジしていること	・有：3点
	Ⅲ　日本の文化を学ぶ機会をアレンジしていること	・有：3点

●技能等の修得等に係る実績

＜過去3技能実習事業年度の基礎級程度の技能検定等の学科試験および実技試験の合格率＞

　上の表中の①のⅠに関し、過去3技能実習事業年度の基礎級程度の技能検定等の学科試験および実技試験の合格率（旧制度の基礎2級程度の合格率を含む）については、次のとおり計算します。

①　次の分子・分母によります。
　・分子：合格者数
　・分母：第1号技能実習修了者数（旧制度を含む）－やむを得ない不受検者数

②　過去3技能実習事業年度に申請年度は含まず、申請年度より前の3事業年度を指します。技能実習事業年度とは、技能実習に関する事業年度をいい、毎年4月1日に始まり翌年3月31日に終わるものです。なお、受検実績がない技能実習事業年度があっても差し支えありません。

③　修了者数は、その技能実習事業年度中に第1号技能実習を修了した者を指します。

④　前記の①のやむを得ない不受検者とは、本来対象となるものの、実習実施者の責めによらない理由での失踪、推奨される期間内に受検申請を行ったにもかかわらず実習期間中の技能検定等の受検予約ができなかった場合、技能実習生の事情による途中帰国などにより不受検となった者をいい、不受検となった原因が実習実施者の責任とはいえないものを指します。

＜過去３技能実習事業年度の２・３級程度の技能検定等の実技試験の合格率＞

表中の①のⅡに関し、過去３技能実習事業年度の２・３級程度の技能検定等の実技試験の合格率については、次のとおり計算します。

①　次の分子・分母によります。
　　・分子：（３級合格者数＋２級合格者数×1.5）×1.2
　　・分母：第２号技能実習修了者数＋第３号技能実習修了者数－やむを得ない不受検者数＋旧制度の技能実習を修了した技能実習生のうちの受検者数

②　直近３技能実習事業年度の実績の総計でみるため、合格実績がない技能実習事業年度があっても差し支えありません。

③　「×1.5」は、日本人受検者の３級合格率と２級合格率の差を踏まえて設定される調整指数であり、「×1.2」は、３級における日本人受検者の合格率と外国人受検者の合格率の差を踏まえて設定される調整指数です。

④　修了者数は、その技能実習事業年度中に第２号技能実習または第３号技能実習を修了した者を指します。

⑤　やむを得ない不受検者とは、本来対象となるものの、実習実施者の責めによらない理由での失踪、推奨される期間内に受検申請を行ったにもかかわらず実習期間中の技能検定等の受検予約ができなかった場合、技能実習生の事情による途中帰国などにより不受検となった者をいい、不受検となった原因が実習実施者の責任とはいえないものを指します。

⑥　旧制度の技能実習生については、３級程度の技能検定等の実技試験の受検が義務ではなかったことから、修了者のうち、受検した者を分母に加える仕組みとされています。

過去３技能実習事業年度の２・３級程度の技能検定等の実技試験の合格率については、計算式の分母の算入対象となる技能実習生がいない場合は、過去３技能実習事業年度には２号未修了であった者の申請日時点の３級程度の技能検定等の実技試験の合格実績に応じて、加点されます。この場合、次のような者が合格実績の対象となることが想定されています。

①　過去３技能実習事業年度中に３級程度の技能検定等の実技試験を受検し、合否が判明したが、その技能実習事業年度中に第２号技能実習を修了しなかった者

②　過去３技能実習事業年度中に３級程度の技能検定等の実技試験を受検し、申請年度に合否が判明した者

③　申請年度に３級程度の技能検定等の実技試験を受検し、合否が判明した者

＜直近過去３年間の２・３級程度の技能検定等の学科試験の合格実績＞

　表中の①のⅢに関し、直近過去３年間の２・３級程度の技能検定等の学科試験の合格実績については、２級、３級で分けず、合格人数を合計したものについて次のとおり計算します。

①　直近過去３年間の合格実績とは、申請時を起点としてさかのぼった３年間における合格実績を指します。直近３技能実習事業年度の合格実績ではありません。

②　合格実績は、技能実習生（旧制度の技能実習生を含む）が受検して合格したものでなければなりません。

＜技能検定等の実施への協力＞

　表中の①のⅣに関し、技能検定等の実施への協力というのは、たとえば、次のものが該当し、いずれも申請時を起点としてさかのぼった１年間における実績を求めるものです。

①　技能検定における学科試験および実技試験の問題の作成、採点、実施要領の作成や検定試験会場での指導監督などを職務として行う技能検定委員を、退職したOB・OGも含む社員等の中から輩出している場合

②　技能実習評価試験において技能検定委員に相当する者を社員等の中から輩出している場合

③　技能検定等の実技試験の実施に必要とされる会場・機材・設備等の貸与等を行い、技能検定等の実施（自社以外の技能実習生の受検も含む）へ協力している場合

●技能実習を行わせる体制

　表中の②に関し、実習実施者のうち、技能実習責任者以外の職員に対しては、講習の受講は義務付けられていませんが、技能実習指導員および生活指導員も、技能実習の適正な実施および技能実習生の保護の観点から、それぞれを対象とした講習（法務省・厚生労働省告示による養成講習機関が実施する講習）を受講した場合には、優良な実習実施者の要件の加点要素とされるので、推奨されています。

　直近過去３年以内とは、申請時を起点としてさかのぼった３年間における講習の受講実績を指します。

●技能実習生の待遇

＜第１号技能実習生の賃金のうち最低額のものと最低賃金法上の最低賃金の比較＞

　表中の③に関し、第１号技能実習生の賃金のうち最低額のものと最低賃金法上の最低賃金を比較した技能実習生の賃金水準を、優良な実習実施者の要件の加点要素とすることで、技能実習生の待遇に関し積極的な配慮を行う実習実施者となることが推奨されています。この場合、次の点に留意することが必要です。

①　最低賃金法上の最低賃金との比較になるので、日給や月給で給与が支払われている技能実習生については、時間あたりの賃金を算出して比較することになります。

②　地域（都道府県）別最低賃金との比較が原則ですが、特定（産業別）最低賃金が適

　　用される場合には、この特定最低賃金と比較することになります。

　③　比較を行う時点は、原則として、申請が行われた技能実習事業年度の年頭（4月1日）とし、その時点の最低賃金と、その月の第1号技能実習生の賃金（基本給）のうち、その額が最も低いものと比較することになります。仮にその時点では第1号技能実習生を受け入れていないなどの場合には、その技能実習事業年度内で適切に比較が可能な時期で比較することになります。

＜技能実習生の賃金に係る技能実習の各段階ごとの昇給率＞

　技能実習生の報酬は、日本人労働者の報酬と同等額以上とする基本方針（27頁参照）の趣旨を実効あるものとするため、技能実習生の賃金に係る技能実習の各段階ごとの昇給率が高い場合に、優良な実習実施者の要件の加点要素とすることで、技能実習生の待遇に関し積極的な配慮を行う実習実施者となることが推奨されています。この場合、次の点に留意することが必要です。

　①　直近の技能実習事業年度に申請者において、第1号技能実習または第2号技能実習を修了した技能実習生のうち、引き続き申請者が次の段階の技能実習を行わせた者が対象となります。

　②　対象の技能実習生の前段階の技能実習開始時点の報酬と、次段階の技能実習開始時点の報酬とを比較し、昇給率を算出します。具体的には、第2号移行時は、第1号技能実習の開始時の「基本給」（給与の総支給額から超過労働給与額（時間外手当、深夜手当、休日手当、宿日直手当等）、通勤手当額、精皆勤手当額および家族手当額を除いた額）と第2号の「基本給」を比較します。第3号移行時は、同様に第2号技能実習の開始時の「基本給」と第3号の「基本給」を比較します。

　③　対象の技能実習生が複数いる場合の昇給率は、複数の技能実習生の昇給率の平均値とします。

＜技能実習生の住環境の向上に向けた取組み＞

　技能実習生の住環境の向上に向けた取組みについては、次の①および②のいずれにも対応するか、または③に該当する宿泊設備を確保したうえで、受け入れているすべての技能実習生に個室を用意している場合に加点の対象となります。なお、個室化を図るうえで、技能実習生が意に反して転居することや、同意がないままに居住費の負担が増すことは認められません。

　①　本人のみが利用する個室（4.5㎡以上）を確保し、その個室が「寝室」（詳細は前記の宿泊施設の確保、57頁参照）の要件を満たすものであること

　　※リビング、ダイニング、バス、トイレなどを共有する住居に複数人が居住する場合は、これら以外の居室を本人のみが利用できる（例：3LDKであれば、リビング、ダイニングを除く3部屋に1名ずつが居住する）居室が確保されていることが必要。

　②　技能実習責任者の責任のもと、感染病予防対策を徹底していること

　　※毎日の検温（記録を含む）、アルコール消毒液の設置、ダイニングにアクリル板やビニールカーテンの設置など

③　技能実習生が自らの意思で住居を選び、自ら貸主と賃貸借契約を締結している場合であって、その住居が前記①および②のいずれにも該当するときは、実習実施者が賃料の20％以上の住宅手当の支給など経済的な補助を行っていること

●法令違反・問題の発生状況
＜直近過去３年以内の改善命令＞

表中の④に関し、直近過去３年以内に改善命令（旧制度の改善命令相当の行政指導を含む）を受けたことがある者には、法令違反の実績があることから大幅な減点が行われます。この場合、次の点に留意することが必要です。なお、改善命令とは、技能実習法の規定に基づき、出入国在留管理庁長官および厚生労働大臣が行う命令のことです。

①　直近過去３年以内というのは、申請時を起点としてさかのぼった３年間を指します。ただし、優良の判断は、申請後に生じた事情も勘案して行われます。
②　旧制度の改善命令相当の行政指導というのは、次のものを指します。
・地方入国管理局からいわゆる不正行為の通知を受け、技能実習生の受入れを一定期間認めない旨の指導を受けていたもの（この起算点は不正行為の通知を受け取った日）
・旧制度の実習実施機関としての活動に関し、地方入国管理局から個別に旧制度の改善命令相当の行政指導にあたる旨の通知を受けたもの（この起算点はその通知内に記載される）

＜直近過去３年以内における失踪の割合または失踪者数＞

直近過去３年以内における失踪がゼロであると、優良な実習実施者の要件の加点要素とされているため、失踪防止に関し積極的な配慮を行う実習実施者となることが推奨されています。この場合、次の点に留意することが必要です。

①　直近過去３年以内というのは、申請時を起点としてさかのぼった３年間を指します。ただし、優良の判断は、申請後に生じた事情も勘案して行われます。
②　失踪の割合は、次の分子・分母によります。
・分子：直近過去３年以内の失踪者数
・分母：直近過去３年以内において新たに受入れを開始した技能実習生の総数
③　失踪の割合と失踪者数は、10％未満または１人以下、20％未満または２人以下、20％以上または３人以上に区分されています。この区分は、一律に失踪の割合だけで評価した場合には、小規模な実習実施者では少数の失踪者が発生しただけでも大きな減点になってしまうことに配慮して、失踪者数による評価を可能としたものです。失踪の割合よりも失踪者数によって評価したほうが申請者に有利な場合には、失踪者数によって評価が行われます。

直近過去３年以内に実習実施者の責めによる失踪があるものは、技能実習を適正に実施する能力が乏しいと考えられることから、大幅な減点が行われます。この場合、次の点に留意することが必要です。

① 直近過去3年以内というのは、申請時を起点としてさかのぼった3年間を指します。ただし、優良の判断については、申請後に生じた事情も勘案して行われます。

② 責めによるべき失踪であるか否かは個別具体的な判断となりますが、たとえば、技能実習生に対する報酬を適切に支払わない、技能実習生に対して劣悪な環境下での業務を強制する等の事情により失踪が発生したと考えられる場合には、実習実施者の責めによる失踪であると判断されます。

●相談・支援体制

表中の⑤Ⅰ・Ⅱに関し、実習実施者は、技能実習生から相談があった際に、速やかに機構や監理団体で実施している母国語相談の窓口を紹介できるよう、その手順をあらかじめ定めて関係職員に周知しておくことが求められています。

マニュアル等の内容は、その分量にかかわらず、技能実習生から相談を受けた際に適切に対応できるよう、母国語相談・支援の実施方法や手順が具体的に記載されたものである必要があります。

また、実習実施者は、技能実習の適正な実施および技能実習生の保護に資することとなるため、技能実習生が母国語で相談できる相談員を確保することが推奨されています。この場合、次の点に留意することが必要です。

① 相談員については、実習実施者自らが、母国語に対応できる常勤または非常勤の職員を確保している必要があります。なお、派遣労働者として受け入れる場合も含みます。ただし、メールや電話での相談の体制を委託により整備することは認められません。

② 監理団体が相談員を確保していることは、許可を受けるための前提であることから、監理団体として確保している相談員と重複する者を選任することは認められません。

＜技能実習の継続が困難となった技能実習生の受入れ＞

表中⑤のⅢ・Ⅳに関し、直近過去3年以内に、技能実習の継続が困難となった技能実習生に引き続き技能実習を受ける機会を与えるためにその技能実習生の受入れを行うことは、他の実習実施者の事業上・経営上の都合等やむを得ない事情により、技能実習の継続が困難となった技能実習生に引き続き技能実習の機会を与えることになります。技能実習計画の認定を受けて技能実習を受けさせることは、技能実習生の保護にも資することになるため、推奨されています。

直近過去3年以内に、受け入れた技能実習生が1名でもいれば、この要件に適合します。直近過去3年以内というのは、申請時を起点としてさかのぼった3年間を指します。

ただし、法人である実習実施者が分割した場合には、分社により事業を承継した実習実施者が、分社前の実習実施者に在籍していた技能実習生を受け入れることでは認められません。また、旧配点において該当有の場合は5点とされていましたが、新配点においては、受入れ人数が基本人数枠以上の場合は25点、基本人数枠未満の場合は15点の配点となります。ただし、令和2（2020）年11月から令和3（2021）年10月までの間は、旧配点と新配点のいずれかを選択することが可能とされていました。

　技能実習の継続が困難となった技能実習生（他の監理団体傘下の実習実施者で技能実習を行っていた者に限る）に引き続き技能実習を行う機会を与えるため、実習先変更支援サイトに監理団体を通じて受入れ可能人数の登録を行うことは、他の実習実施者の事業上・経営上の都合等やむを得ない事情により技能実習の継続が困難となった技能実習生に、引き続き技能実習の機会を与えることになり、実習先変更支援サイトを通じて受入れに協力することは推奨されています。

●地域社会との共生

＜受け入れた技能実習生に対する日本語の学習の支援＞

　表中の⑥に関し、受け入れた技能実習生に対し、日本語の学習の支援を行うことは、地域社会との共生という点で重要です。日本語の学習の支援という場合、たんに日本語学校の紹介をすること、日本語のみの時間を実習中に設定すること、職員との日常会話の機会を増やすことといった対応のみでは、日本語の学習の支援を行っているとはいえません。日本語の学習の支援とは次のようなことをいいます。

①　実習実施者自身が教材を用意し日本語講習を実施すること
②　外部講師を招いて日本語教育を実施すること
③　日本語学校へ通学する際の金銭的支援をすること

＜地域社会との交流を行う機会のアレンジ＞

　地域社会との共生のために、地域社会との交流を行う機会をアレンジしていることとは、次のような場合をいいます。日本人向けのイベントをたんに周知するといった対応のみでは、地域社会との交流を行う機会をアレンジしたとはいえません。

①　地域の祭りを企画して技能実習生を参加させること
②　ボランティア活動に技能実習生を参加（ゴミ拾い、老人ホーム訪問など）させること
③　町内会に技能実習生を参加させること
④　国際交流イベントを実施して技能実習生を参加させること

＜日本の文化を学ぶ機会のアレンジ＞

　日本の文化を学ぶ機会をアレンジしていることとは、次のような場合をいいます。たんに技能実習生と日本食を食べに行く、日本人向けのイベントを周知するといった対応のみでは、日本の文化を学ぶ機会をアレンジしているとはいえません。

①　季節ごとにイベントを実施（正月、花見、月見等）すること
②　文化講習を実施（実習実施者の施設内もしくは実習実施者の主導による茶道体験、折り紙、着付け、和食作り等）すること
③　外部の文化講習等を受講する際の金銭的支援をすること
④　社会科見学（博物館・美術館・寺院等の見学）を実施すること

▶技能実習生の人数枠

●原則的な形態

　技能実習の適正な実施および技能実習生の保護の観点から、実習実施者が受け入れる技能実習生の数には、上限が定められています。その具体的な人数枠は、技能実習の区分等により次の表のとおりとなっています。

●基本人数枠

申請者の常勤職員総数	技能実習生の数
301人以上	申請者の常勤職員総数の20分の1
201人以上300人以下	15人
101人以上200人以下	10人
51人以上100人以下	6人
41人以上50人以下	5人
31人以上40人以下	4人
30人以下	3人

●企業単独型の人数枠

| | 第1号
（1年間） | 第2号
（2年間） | 優良な実習実施者の場合 | | |
			第1号（1年間）	第2号（2年間）	第3号（2年間）
A	基本人数枠	基本人数枠の 2倍	基本人数枠の 2倍	基本人数枠の 4倍	基本人数枠の 6倍
B	常勤職員総数の 20分の1	常勤職員総数の 10分の1	常勤職員総数の 10分の1	常勤職員総数の 5分の1	常勤職員総数の 10分の3

A：出入国在留管理庁長官および厚生労働大臣が継続的かつ安定的に企業単独型技能実習を行わせることができる体制を有すると認めるもの
B：A以外のもの

●団体監理型の人数枠

| 第1号
（1年間） | 第2号
（2年間） | 優良な実習実施者・監理団体の場合 | | |
		第1号（1年間）	第2号（2年間）	第3号（2年間）
基本人数枠	基本人数枠の2倍	基本人数枠の2倍	基本人数枠の4倍	基本人数枠の6倍

　出入国在留管理庁長官および厚生労働大臣が、継続的かつ安定的に企業単独型技能実習を行わせることができる体制を有すると認めるものの適用を受けようとする場合には、必要書類（理由書（参考様式第1－26号）および上記の基本人数枠の基準への適合性を立証

する関係書類）を提出し、継続的かつ安定的に企業単独型技能実習を行わせることができる体制を有することを立証する必要があります。

　なお、その有効期間は、技能実習計画が認定された日から 3 年間であり、その期間が経過した場合には、再度その該当性について必要書類を提出する必要があります。

　また、企業単独型、団体監理型のいずれの場合も、次の人数を超えてはなりません。
・第 1 号技能実習生：常勤職員の総数
・第 2 号技能実習生：常勤職員の総数の 2 倍
・第 3 号技能実習生：常勤職員の総数の 3 倍

　ここでいう、常勤職員には、技能実習生を受け入れている実習実施者に継続的に雇用されている職員（いわゆる正社員をいうが、正社員と同様の就業時間で継続的に勤務している日給月給者を含む）が該当します。また、実習実施者の常勤職員の「総数」については、本社、支社、事業所を含めた企業全体（法人全体）の常勤職員数を基に算出し、事業所ごとには算出しません。

●特定の職種・作業

　技能実習法は、主務大臣である法務大臣と厚生労働大臣が制度全体の適正化を図ることに加え、個別の職種分野については、その職種に係る知見を有する事業所管省庁が一定の関与を行い、適正化を図ることができる制度となっています。そして、事業所管大臣がその特定の職種および作業に特有の事情を踏まえた告示を制定することが可能となっています。

　技能実習生の数の基準に関して、この告示が定められた場合には、事業所管省庁、法務省、出入国在留管理庁、厚生労働省および機構のホームページ等で周知されます。

●人数枠の特例措置

　次の①から④までに掲げる技能実習生に技能実習を受けさせようとするか、または受けさせている場合であって、その①から④までに定める技能実習生を受け入れるか、または受け入れていることにより、人数枠（基本人数枠を超えて受け入れているときは、基本人数枠または現に受け入れている技能実習生の数のいずれか少ない数）を超えるときは、例外として、その数に次に掲げる数を加えた技能実習生の数とすることが可能です。

①　他の実習実施者が技能実習を受けさせることが困難となった第 1 号技能実習生であって申請者が引き続き技能実習を受ける機会を与えるもの：第 1 号技能実習または第 2 号技能実習

②　他の実習実施者が技能実習を受けさせることが困難となった第 2 号技能実習生であって申請者が引き続き技能実習を受ける機会を与えるもの：第 2 号技能実習

③　他の実習実施者が技能実習を受けさせることが困難となった第 3 号技能実習生であって申請者が引き続き技能実習を受ける機会を与えるもの：第 3 号技能実習

④　申請者が技能実習を受けさせている第 1 号技能実習生であって第 1 号技能実習の開

始後に特別な事情が生じたにもかかわらず申請者のもとで引き続き技能実習を受けることを希望するもの：第2号技能実習

▶複数の職種および作業

新制度の技能実習制度では、旧制度と異なり、多能工の養成等を目的として、関連する複数の職種および作業を組み合わせた技能実習を受けさせることが認められています。

主たる職種・作業の目標については、技能検定等に合格することが目標でなければなりません。ただし、技能検定等の合格を目標とするものに限らず、移行対象職種・作業以外を行わせる第1号技能実習の場合の目標設定に準じて、修得をさせる技能等を要する具体的な業務ができるようになることおよびその技能等に関する知識の修得を内容とするものを目標として定めることも可能です。

なお、複数の職種および作業に係る技能実習を受ける場合であっても、同一の実習実施者のもとで受けさせなければならず、しかも職種・作業がいずれも移行対象職種でなければなりません。さらに、それぞれの職種および作業に係る技能等が相互に関連しており、複数の職種および作業に係る技能実習を受けることに合理的な理由があることが求められます。

また、複数職種および作業として同時に受けさせることができる職種および作業の数は、2つが基本となり、通常3つまでが想定されています。同時に3つの職種および作業に係る技能実習計画を提出する場合には、複数の職種および作業に係る技能実習を行わせる理由書（参考様式第1－30号）において高いレベルでの説明が求められます。4つ以上の職種および作業を同時に行わせる技能実習計画は、通常認められることを想定していません。この場合、複数の職種および作業ごとに申請書の実習実施予定表を作成することになります。

第3節　認定の欠格事由（技能実習法第10条）

> **ポイント** 技能実習法を遵守することが期待できない者が技能実習を受けさせることがないように、技能実習計画の認定には、欠格事由が設けられており、欠格事由に該当する者は、技能実習計画の認定を受けることができません。欠格事由としては具体的には次の4つが指摘されています。

▶関係法律による刑罰を受けたことによる欠格事由

関係法律による刑罰を受けたことによる欠格事由としては、次のいずれかに該当する者が想定されています。

① 禁錮以上の刑に処せられた者
② 技能実習法その他出入国または労働に関する法律に違反し、罰金刑に処せられた者
③ 暴力団関係法、刑法等に違反し、罰金刑に処せられた者
④ 社会保険各法および労働保険各法において事業主としての義務に違反し、罰金刑に処

せられた者

これらのいずれも、刑に処せられ、その執行を終わり、または執行を受けることがなくなった日から5年を経過しない者がその対象となります。

④に関しては、対象となる法律は、具体的には、健康保険法、船員保険法、労働者災害補償保険法、厚生年金保険法、労働保険の保険料の徴収等に関する法律、雇用保険法、労働基準法、船員法、職業安定法、最低賃金法、労働施策総合推進法、賃金の支払の確保等に関する法律、労働者派遣法、港湾労働法、育児・介護休業法その他の法律です。

▶技能実習法による処分等を受けたこと等による欠格事由

技能実習法による処分等を受けたことなどによる欠格事由としては、次のいずれかに該当する者が想定されています。

① 技能実習計画の認定を取り消された日から5年を経過しない者（取り消された者の法人の役員であった者を含む）等

② 出入国または労働に関する法令について不正または著しく不当な行為をした者

出入国または労働に関する法令について不正または著しく不当な行為をした者については、次に規定するもののほか、個別具体的な事案の重大性に応じて該当性が判断されることとなります。

① 出入国に関する法令について不正または著しく不当な行為

・ 技能実習法施行前の技能実習における「不正行為」として、技能実習の適正な実施を妨げるものと認められる旨の通知を受けている者（不正行為が終了した日後、法務省令に規定されていた受入れ停止期間が経過していないものに限る）

なお、申請者が法人である場合にあっては、その法人の役員が、法施行前の技能実習における不正行為として、技能実習の適正な実施を妨げるものと認められる旨の通知を受けている監理団体または実習実施機関の法人の役員（その不正行為があった期間または時点の役員である場合に限る）も含みます。

・ 入管法で規定する行為（不法就労助長行為）に及んだ者

・ 事業活動に関し、外国人に不正に上陸の許可等の許可を受けさせる目的で、偽造もしくは変造された文書もしくは図画または虚偽の文書もしくは図画を行使し、または提供する行為（偽変造文書行使等）に及んだ者

② 労働に関する法令について不正または著しく不当な行為をした者

・ 労働基準関係法令で送検され、しかも刑罰（罰金刑は除く）が確定された者

③ 技能実習法令に関し不正または著しく不当な行為をした者

・ 技能実習生の旅券（パスポート）や在留カードを保管する等の禁止行為を行うなど、技能実習法令違反の態様が重大悪質と認められる者

なお、役員については、形式上法人の役員になっている者のみならず、実態上法人に対して強い支配力を有すると認められる者についても対象となります。

▶申請者等の行為能力・役員等の適格性の観点からの欠格事由

　申請者等の行為能力・役員等の適格性の観点からの欠格事由は、次のいずれかに該当する者です。

①　技能実習に関する業務を適正に行うことができない者（精神の機能の障害により、技能実習に関する業務を適正に行うにあたって必要な認知、判断および意思疎通を適切に行うことができない者）

②　行為能力に制限がある者（破産手続開始の決定を受けて復権を得ない者）

③　法人の役員、未成年の法定代理人で欠格事由に該当する者

▶暴力団排除の観点からの欠格事由

　暴力団排除の観点からの欠格事由としては、次のいずれかに該当する者が想定されています。

①　暴力団員等（暴力団員または暴力団員でなくなった日から5年を経過しない者）

②　暴力団員等がその事業活動を支配する者

第4節　技能実習計画の変更（技能実習法第11条）

> **ポイント**　実習実施者は、認定を受けた技能実習計画について、技能実習計画に記載された事項を変更しようとするときは、次に記載の変更の程度に応じた対応が必要となります。
> ・重要な変更の場合：変更認定
> ・通常の変更（目標や職種・作業に係るものでなく、かつ認定計画に従った技能実習の実施に実質的な影響を与えない変更）の場合：軽微な変更の届出
> ・些細な変更の場合：届出不要

　技能実習計画に重要な変更をしようとする場合には、その変更を行おうとする前に、あらかじめ変更認定を受けることが必要です。変更認定を受けるためには、次の表（74〜86頁）に掲げる変更事由に応じた書類の提出、監理団体の技能実習計画に係る指導、手数料の納付が必要となるほか、認定基準に適合し、欠格事由に該当しないことが必要です。

　通常の変更をしようとする場合にあっては、変更に係る事由が発生した日から1か月以内に、機構の地方事務所・支所の認定課に技能実習計画軽微変更届出書（省令様式第3号）を提出しなければなりません。届出をするに際しては、次の表に掲げる変更事由に応じた書類をあわせて提出しなければなりません。

　なお、届出が受理された後に、機構によって技能実習計画の認定の各要件に適合しないものであることが確認された場合には、その変更を是正するよう指導を受けます。その指導に従わない場合には、技能実習計画の認定取消し、改善命令等の対応が取られます。

　また、技能実習の区分を事後的に変更することは、法律上想定されていません。

●技能実習計画の変更認定と届出の区分

		計画記載事項	変更認定	届出	添付書類	特記事項
1 実習実施者	1	氏名または名称	×	○	・登記事項証明書（法人） ・住民票の写し（個人）	・実習実施者自体を変更（交代）する場合には新規の技能実習計画の認定が必要。 ・実習実施者が法人の場合にあっては、合併、会社分割により、消滅したとき、個人事業の場合にあっては、死亡したときは新規の技能実習計画の認定が必要。 ・住民票の写しは、マイナンバーの記載がないもの。また、日本人の場合は、本籍地の記載があるもの。外国人（特別永住者を除く）の場合は、国籍等、在留資格、在留期間、在留期間の満了の日、在留カード番号の記載があるもの。特別永住者の場合は、特別永住者である旨、特別永住者証明書番号の記載があるもの。
	2	住所	×	○	・登記事項証明書（法人） ・住民票の写し（個人）	・電話番号の変更を含む。 ・住民票の写しは、マイナンバーの記載がないもの。また、日本人の場合は、本籍地の記載があるもの。外国人（特別永住者を除く）の場合は、国籍等、在留資格、在留期間、在留期間の満了の日、在留カード番号の記載があるもの。特別永住者の場合は、特別永住者である旨、特別永住者証明書番号の記載があるもの。
	3	代表者の氏名（実習実施者が法人の場合）	×	○	・登記事項証明書	【代表者の変更（交代）】 ・代表者を変更（交代）する場合には届出が必要。 【代表者の氏名の変更】 ・代表者が婚姻するなどの事情により氏名を変更する場合であって、代表者の変更（交代）を伴わない変更の届出は不要。
	4	役員の氏名（実習実施者が法人の場合）	×	○	・登記事項証明書 ・役員の住民票の写し	【役員の変更（交代または追加で新規に選任）】 ・役員を変更（交代または追加で新規に選任）する場合には届出が必要。

		計画記載事項	変更認定	届出	添付書類	特記事項
						・住民票の写しは、マイナンバーの記載がないもの。また、日本人の場合は、本籍地の記載があるもの。外国人（特別永住者を除く）の場合は、国籍等、在留資格、在留期間、在留期間の満了の日、在留カード番号の記載があるもの。特別永住者の場合は、特別永住者である旨、特別永住者証明書番号の記載があるもの。 【役員の氏名の変更】 ・役員が婚姻するなどの事情により氏名を変更する場合であって、役員の変更（交代または追加で新規に選任）を伴わない変更の届出は不要。
	5	役員の役職名（実習実施者が法人の場合）	×	×		
	6	役員の住所（実習実施者が法人の場合）	×	×		
	7	業種	×	×		
2 技能実習を行わせる事業所	1	技能実習を行わせる事業所（名称、所在地）	×	○	・実習実施予定表（省令様式第1号第4～6面）の変更箇所	・新規認定申請時に提出した実習実施予定表の写しに赤字で訂正したものを添付書類として届け出ることでも差し支えない。
	2	技能実習責任者の氏名	×	○	・技能実習責任者・技能実習指導員・生活指導員の履歴書 ・技能実習責任者・技能実習指導員・生活指導員の就任承諾書および誓約書の写し ・技能実習責任者に対する講習を修了したことを証明する書類	【技能実習責任者の変更（交代または追加で新規に選任)】 ・技能実習責任者を変更（交代または追加で新規に選任）する場合には届出が必要。 【技能実習責任者の氏名の変更】 ・技能実習責任者が婚姻するなどの事情により氏名を変更する場合であって、技能実習責任者の変更（交代または追加で新規に選任）を伴わない変更の届出は不要。
	3	技能実習責任者の役職名	×	×		

		計画記載事項	変更認定	届出	添付書類	特記事項
	4	技能実習指導員の氏名	×	○	・技能実習責任者・技能実習指導員・生活指導員の履歴書 ・技能実習責任者・技能実習指導員・生活指導員の就任承諾書および誓約書の写し ・実習実施予定表（省令様式第１号４〜６面）（技能実習指導員の担当する指導に変更があった場合）	【技能実習指導員の変更（交代または追加で新規に選任)】 ・技能実習指導員を変更（交代または追加で新規に選任）する場合には届出が必要。 【技能実習指導員の氏名の変更】 ・技能実習指導員が婚姻するなどの事情により氏名を変更する場合であって、技能実習指導員の変更（交代または追加で新規に選任）を伴わない変更の届出は不要。 【技能実習指導員が担当する指導内容の変更】 ・申請時に申告した技能実習指導員に変更（交代または追加で新規に選任）はないものの、必須業務、関連業務または周辺業務として記載している具体的な業務ごとに記載した技能実習指導員の担当を変更する場合の届出は不要。
	5	技能実習指導員の役職名	×	×		
	6	生活指導員の氏名	×	○	・技能実習責任者・技能実習指導員・生活指導員の履歴書 ・技能実習責任者・技能実習指導員・生活指導員の就任承諾書および誓約書の写し	【生活指導員の変更（交代または追加で新規に選任)】 ・生活指導員を変更（交代または追加で新規に選任）する場合には届出が必要。 【生活指導員の氏名の変更】 ・生活指導員が婚姻するなどの事情により氏名を変更する場合であって、生活指導員の変更（交代または追加で新規に選任）を伴わない変更の届出は不要。
	7	生活指導員の役職名	×	×		
3 技能実習生	1	氏名	×	○	旅券（パスポート）その他の身分を証する書類の写し	
	2	国籍（国または地域）	×	○	旅券その他の身分を証する書類の写し	
	3	生年月日	×	○	旅券その他の身分を証する書類の写し	

		計画記載事項	変更認定	届出	添付書類	特記事項
	4	性別	×	○	旅券その他の身分を証する書類の写し	
	5	帰国期間（第 3 号技能実習に限る）	×	○		【帰国期間の変更】 帰国期間が認定申請時に予定していた期間を下回り、1 か月未満となる場合には届出が必要。
4 技能実習の内容	1	技能実習の職種・作業および分野	○	×	・実習実施予定表（省令様式第 1 号第 4 ～ 6 面）の変更箇所	【職種・作業に係る技能実習の追加】 ・認定を受けた技能実習計画に記載されている職種・作業の技能実習に新たな職種・作業の技能実習を追加して行おうとする場合に変更認定が必要。 【まったく別の技能実習への変更】 ・通常想定されているものではないが、認定を受けた技能実習計画に記載された職種・作業の技能実習を中止して、まったく別の職種・作業の技能実習を行おうとする場合にあっては、変更認定の対象とならず、新規の技能実習計画の認定が必要。
5 技能実習の目標	1	技能実習の目標	○	×	・実習実施予定表（省令様式第 1 号第 4 ～ 6 面）の変更箇所	
6 前段階の技能実習計画の目標の達成状況		前段階の技能実習計画の目標の達成状況	×	×		【目標の達成状況の変更】 ・通常、変更されることが想定されているものではないが、変更がある場合は、実習認定取消し事由該当事実に係る報告書の提出が必要。
7 技能実習の期間および時間数	1	実習期間	○	○	・実習実施予定表（省令様式第 1 号第 4 ～ 6 面）の変更箇所	【実習の開始時期の変更】 ・実習の開始時期を当初の予定から 3 か月以上早め、または、遅らせる場合には届出が必要。 【実習の延べ期間の変更】 ・実習の延べ期間を当初の予定から延長する場合には変更認定が必要。 ・実習の延べ期間を当初の予定から短縮する場合には届出の対象とはしないが、別途技能実習実施困難時届出書の提出が必要。

		計画記載事項	変更認定	届出	添付書類	特記事項
	2	実習時間数	○	○	・実習実施予定表（省令様式第1号第4～6面）の変更箇所 ・所轄労働基準監督署に届け出た労働基準法第36条に基づく労使協定（以下「36協定」という）の写し	・新規認定申請時に提出した実習実施予定表の写しに赤字で訂正したものを添付書類として届け出ることでも差し支えない。 ・時間外労働または休日労働（以下「時間外労働等」という）および深夜労働は原則として想定されていないが、やむを得ない業務上の事情等により行う場合には、これらについて変更認定を受けるまたは届出をすることが必要。 ※36協定で定める月および年の時間外労働等の時間（特別条項適用時）の上限を超える時間外労働等を行わせようとする技能実習計画は認定されません。 ※技能等の修得等の観点から必要最小限の時間でなければなりません。 【年間の合計時間数の変更】 ・年間の合計時間数を当初予定の50％以上に相当する時間数に変更する場合には、変更認定が必要。 ・年間の合計時間数を当初予定の25％以上50％未満に相当する時間数に変更する場合には、届出が必要。 【合計時間数の変更】 ・講習の合計時間数を変更する場合は届出が必要。
8 監理団体等	1	許可番号	×	×		
	2	許可の別	×	×		
	3	名称	○	×	・監理団体と実習実施者の間の実習監理に係る契約書またはこれに代わる書類の写し ・入国後講習実施予定表（省令様式第1号第3面D）（講習を実施する監理団体に変更があった場合）	【監理団体の変更】 ・監理団体を変更（交代）する場合には技能実習計画の変更認定が必要。 【監理団体の名称の変更】 ・監理団体の名称変更がある場合には技能実習計画の変更認定や変更届出は不要。
	4	住所	×	×		
	5	代表者の氏名	×	×		

		計画記載事項	変更認定	届出	添付書類	特記事項
	6	監理責任者の氏名	×	×		
	7	担当事業所の名称	×	○		
	8	取次送出機関の氏名または名称	×	○	・技能実習生と取次送出機関の間の技能実習に係る契約書の写し ・取次送出機関の誓約書	
9 技能実習生の待遇	1	賃金	×	○	・雇用契約書および雇用条件書の写し ・技能実習生の報酬・宿泊施設・徴収費用についての説明書（当初の技能実習計画の認定時に技能実習生の報酬を決定するうえで比較対象とした日本人労働者等に変更があったことにより、新たな比較対象とした日本人の報酬額に従って技能実習生の報酬額を変更した場合）	・金額を引き上げる場合には届出不要。
	2	講習手当（金銭に限らず現物支給も含む）	×	○	・技能実習の期間中の待遇に関する重要事項説明書	・金額を引き上げる場合には届出不要。
	3	その他の報酬	×	○	・雇用契約書および雇用条件書の写し ・技能実習生の報酬・宿泊施設・徴収費用についての説明書（技能実習生の報酬を決定するうえで比較対象とした日本人労働者等に変更があった場合のみ）	・金額を引き上げる場合には届出不要。
	4	雇用契約期間	×	○	・雇用契約書および雇用条件書の写し	
	5	労働時間および休憩	×	○	・雇用契約書および雇用条件書の写し	
	6	所定労働時間	×	○	・雇用契約書および雇用条件書の写し	
	7	休日	×	○	・雇用契約書および雇用条件書の写し	

		計画記載事項	変更認定	届出	添付書類	特記事項
	8	休暇	×	○	・雇用契約書および雇用条件書の写し	
	9	宿泊施設	×	○	・技能実習計画（別記様式第1号第2面） ・技能実習生の報酬・宿泊施設・徴収費用についての説明書 ・宿泊施設の概要のわかる資料（見取り図）	・技能実習計画については、新規認定申請時に提出した技能実習計画の写しに赤字で訂正したものを添付書類として届け出ることでも差し支えない。 ※宿泊施設の変更にあたり、雇用契約書および雇用条件書（参考様式第1－14号）の提出は不要。
	10	技能実習生が定期に負担する費用	×	○	・徴収費用の説明書	
10 入国後講習実施予定（企業単独型）	1	講習実施施設（施設名、所在地、連絡先）	×	○	・入国後講習実施予定表（省令様式第1号第3面A）	・新規認定申請時に提出した講習実施予定表の写しに赤字で訂正したものを添付書類として届け出ることでも差し支えない。
	2	法的保護に必要な情報について講義を行う講師（氏名、職業、所属機関、専門的知識の経歴、資格・免許）	×	○	・入国後講習実施予定表（省令様式第1号第3面A）	・新規認定申請時に提出した講習実施予定表の写しに赤字で訂正したものを添付書類として届け出ることでも差し支えない。
	3	講習期間	×	○	・入国後講習実施予定表（省令様式第1号第3面A）	・新規認定申請時に提出した講習実施予定表の写しに赤字で訂正したものを添付書類として届け出ることでも差し支えない。 【入国後講習の開始時期の変更】 ・当初の予定から3か月以上早め、または、遅らせる場合には届出が必要。 【講習の延べ期間の変更】 ・当初の予定より講習の延べ期間を短縮する変更を行う場合には届出が必要。
	4	講習内容 講師の氏名（役職・経験年数・委託の有無）	×	○	・入国後講習実施予定表（省令様式第1号第3面A）	・新規認定申請時に提出した講習実施予定表の写しに赤字で訂正したものを添付書類として届け出ることでも差し支えない。

		計画記載事項	変更認定	届出	添付書類	特記事項
						【講習科目の変更】 ・講習科目を変更する場合は届出が必要。 【講師の変更】 ・法的保護の講師以外の講師を変更する場合の届出は不要。 【委託の有無の変更】 ・委託の有無を変更する場合には届出が必要。
	5	講習時間数	×	○	・入国後講習実施予定表（省令様式第1号第3面A）	・新規認定申請時に提出した講習実施予定表の写しに赤字で訂正したものを添付書類として届け出ることでも差し支えない。 【月ごとの時間数の変更】 ・月ごとの講習の各科目の時間数または合計時間数を変更する場合の届出は不要。 【科目ごとの時間数の変更】 ・講習の科目ごとの合計時間数を変更する場合は届出が必要。 【合計時間数の変更】 ・講習の合計時間数を変更する場合は届出が必要。
11 入国後講習実施予定（団体監理型）	1	講習実施施設（施設名、所在地、連絡先）	×	○	・入国後講習実施予定表（省令様式第1号第3面D）	・新規認定申請時に提出した講習実施予定表の写しに赤字で訂正したものを添付書類として届け出ることでも差し支えない。
	2	監理団体（名称、住所、代表者の氏名）	○	×	・監理団体と実習実施者の間の実習監理に係る契約書またはこれに代わる書類の写し ・入国後講習実施予定表（省令様式第1号第3面D）	・新規認定申請時に提出した講習実施予定表の写しに赤字で訂正したものを添付書類として届け出ることでも差し支えない。 【監理団体の変更】 ・監理団体を変更（交代）する場合には技能実習計画の変更認定が必要。 【監理団体の名称の変更】 ・監理団体の名称変更がある場合には技能実習計画の変更認定や変更届出は不要。

		計画記載事項	変更認定	届出	添付書類	特記事項
	3	法的保護に必要な情報について講義を行う講師（氏名、職業、所属機関、専門的知識の経歴、資格・免許）	×	○	・入国後講習実施予定表（省令様式第1号第3面D）	・新規認定申請時に提出した講習実施予定表の写しに赤字で訂正したものを添付書類として届け出ることでも差し支えない。
	4	講習期間	×	○	・入国後講習実施予定表（省令様式第1号第3面D）	・新規認定申請時に提出した講習実施予定表の写しに赤字で訂正したものを添付書類として届け出ることでも差し支えない。 【入国後講習の開始時期の変更】 ・当初の予定から3か月以上早め、または、遅らせる場合には届出が必要。 【講習の延べ期間の変更】 ・当初の予定より講習の延べ期間を短縮する変更を行う場合には届出が必要。
	5	講習内容（実施日、科目、時間、委託の有無、講習施設、講師）	×	○	・入国後講習実施予定表（省令様式第1号第3面D）	・新規認定申請時に提出した講習実施予定表の写しに赤字で訂正したものを添付書類として届け出ることでも差し支えない。 【講習科目の変更】 ・講習科目を変更する場合は届出が必要。 【実施日または実施時間の変更】 ・講習の各科目における全体の時間数を変更せず、各科目の実施日または実施時間のみを変更する場合の届出は不要。 【委託の有無の変更】 ・委託の有無を変更する場合には届出が必要。 【講習施設の変更】 ・講習の科目ごとに実施する講習施設を変更する場合の届出は不要。

		計画記載事項	変更認定	届出	添付書類	特記事項
						【講師の変更】 ・法的保護の講師以外の講師を変更する場合の届出は不要。
	6	講習時間数	×	○	・入国後講習実施予定表（省令様式第1号第3面D）	・新規認定申請時に提出した講習実施予定表の写しに赤字で訂正したものを添付書類として届け出ることでも差し支えない。 【1日あたりの時間数の変更】 ・1日あたりの時間数を変更する場合の届出は不要。 【科目ごとの時間数の変更】 ・講習の科目ごとの合計時間数を変更する場合は届出が必要。 【合計時間数の変更】 ・講習の合計時間数を変更する場合は届出が必要。
12 実習実施予定表	1	技能実習を行わせる事業所（事業所名、所在地）	×	○	・実習実施予定表（省令様式第1号第4～6面）の変更箇所	・新規認定申請時に提出した実習実施予定表の写しに赤字で訂正したものを添付書類として届け出ることでも差し支えない。
	2	実習期間	○	○	・実習実施予定表（省令様式第1号第4～6面）の変更箇所	・新規認定申請時に提出した実習実施予定表の写しに赤字で訂正したものを添付書類として届け出ることでも差し支えない。 【実習の開始時期の変更】 ・実習の開始時期を当初の予定から3か月以上早め、または、遅らせる場合には届出が必要。 【実習の延べ期間の変更】 ・実習の延べ期間を当初の予定から延長する場合には変更認定が必要。 ・実習の延べ期間を当初の予定から短縮する場合には届出の対象とはしないが、別途技能実習実施困難時届出書の提出が必要。

		計画記載事項	変更認定	届出	添付書類	特記事項
	3	技能実習の内容 必須業務、関連業務および周辺業務の別 指導員の役職・氏名	×	○	・実習実施予定表（省令様式第1号第4～6面）の変更箇所 （指導員を変更する場合） ・技能実習責任者・技能実習指導員・生活指導員の履歴書 ・技能実習責任者・技能実習指導員・生活指導員の就任承諾書および誓約書の写し	・新規認定申請時に提出した実習実施予定表の写しに赤字で訂正したものを添付書類として届け出ることでも差し支えない。 【業務の内容の変更】 ・必須業務、関連業務および周辺業務として記載している具体的な業務の内容を変更する場合には届出が必要。 　また、実習実施者以外の第三者が実施する訓練または研修を受講させようとする場合にも届出が必要。 【指導員の変更】 ・技能実習指導員を変更（交代または追加で新規に選任）する場合には届出が必要。 ・技能実習指導員の役職を変更する場合、または婚姻するなどの事情により氏名を変更する場合の届出は不要。 ・申請時に申告した技能実習指導員に変更（交代または追加で新規に選任）はないものの、必須業務、関連業務および周辺業務として記載している具体的な業務ごとに記載した技能実習指導員の担当を変更する場合の届出は不要。
	4	技能実習を行わせる事業所	×	○	・実習実施予定表（省令様式第1号第4～6面）の変更箇所	・新規認定申請時に提出した実習実施予定表の写しに赤字で訂正したものを添付書類として届け出ることでも差し支えない。 【業務ごとの事業所の変更】 ・必須業務、関連業務および周辺業務として記載している具体的な業務ごとに記載した事業所を変更する場合は届出が必要。
	5	月・時間数	○	○	・実習実施予定表（省令様式第1号第4～6面）の変更箇所 ・36協定の写し	・新規認定申請時に提出した実習実施予定表の写しに赤字で訂正したものを添付書類として届け出ることでも差し支えない。

		計画記載事項	変更認定	届出	添付書類	特記事項
						・時間外労働等（時間外労働や休日労働）および深夜労働は原則として想定されていないが、やむを得ない業務上の事情等により行う場合には、これらについて変更認定を受けるまたは届出をすることが必要。 ※36協定で定める月および年の時間外労働等の時間（特別条項適用時）の上限を超える時間外労働等を行わせようとする技能実習計画は認定されません。 ※技能等の修得などの観点から必要最小限の時間でなければならない。 【月ごとの時間数の変更】 ・月ごとの時間外労働等の合計時間を、80時間を超えて延長しようとする場合には変更認定が必要。 ・月ごとの時間外労働を、45時間を超えて延長する場合には届出が必要。 ※「月」の始期が、技能実習計画と36協定で異なる場合は、36協定における始期とします。 （例：36協定では毎月1日を始期としており、4月15日から技能実習を開始した場合、5月1日からの1か月で45時間を超える場合には届出が必要） ※1年単位の変形労働時間制を導入している場合は、月42時間を超えて延長する場合に届出が必要です。 ・月ごとの合計時間数を80時間以上短縮する場合には届出が必要。 【業務ごとの時間数の変更】 ・必須業務、関連業務および周辺業務として記載している具体的な業務ごとにみて、合計時間数を予定の50％以上に相当する時間数に変更する場合には、変更認定が必要。

		計画記載事項	変更認定	届出	添付書類	特記事項
						・必須業務、関連業務および周辺業務として記載している具体的な業務ごとにみて、合計時間数を予定の25％以上50％未満に相当する時間数に変更する場合には、届出が必要。 ・なお、法第9条第2号（則第10条第2項第2号）の従事させる業務の基準は遵守する必要がある。 【年間の合計時間数の変更】 ・年間の合計時間数を予定の50％以上に相当する時間数に変更する場合には、変更認定が必要。 ・年間の合計時間数を予定の25％以上50％未満に相当する時間数に変更する場合には、届出が必要。
	6	使用する素材、材料等	×	○	・実習実施予定表（省令様式第1号第4～6面）の変更箇所	・新規認定申請時に提出した実習実施予定表の写しに赤字で訂正したものを添付書類として届け出ることでも差し支えない。
	7	使用する機械、器具等	×	○	・実習実施予定表（省令様式第1号第4～6面）の変更箇所	・新規認定申請時に提出した実習実施予定表の写しに赤字で訂正したものを添付書類として届け出ることでも差し支えない。
	8	製品等の例	×	○	・実習実施予定表（省令様式第1号第4～6面）の変更箇所	・新規認定申請時に提出した実習実施予定表の写しに赤字で訂正したものを添付書類として届け出ることでも差し支えない。

第5節　機構による認定の実施（技能実習法第12条）

ポイント 技能実習計画の認定事務は、その全部を機構が行うことになっています。

　技能実習計画の認定に関して規定した法条文上では、認定は出入国在留管理庁長官および厚生労働大臣が行うこととされているものの、実際には、機構が行うものと読み替えられています。

第6節　報告徴収等（技能実習法第13条・第14条）

> **ポイント**　主務大臣である法務大臣と厚生労働大臣には、技能実習計画の認定に関する業務について、実習実施者や監理団体等に対し、報告の徴収、帳簿書類の提出もしくは提示の命令、出頭の命令、質問または立入検査を行う権限が認められています。

　主務大臣である法務大臣と厚生労働大臣が行う報告徴収等について、拒んだり、虚偽の回答を行ったりした場合などには、技能実習計画の認定の取消事由となるほか、罰則（30万円以下の罰金）の対象にもなります。

　また、技能実習計画の認定に関する業務は、機構に行わせることとされているため、機構においても、実習実施者や監理団体等に対し、報告や帳簿書類の提示を求めることや、質問すること、実習実施者または監理団体等の設備や帳簿書類等を実地に検査することが認められています。

　この機構が行う実地検査等について、虚偽の回答を行ったりするなど、一定の場合に技能実習計画の認定の取消事由となるほか、調査への協力が得られない場合には、技能実習計画が認定されないことになります。

　なお、機構は、監理団体に対して1年に1回程度の頻度、実習実施者に対して3年に1回程度の頻度で定期的に実地検査を行うことになっていますので、機構が行う検査には積極的に協力し、自らが行う技能実習の内容が適正に行われていることを明らかにすることが求められます。

第7節　改善命令等（技能実習法第15条）

> **ポイント**　機構や出入国在留管理庁長官および厚生労働大臣による調査等によって、実習実施者が認定計画に従って技能実習を行わせていないことが判明した場合、技能実習法、出入国または労働に関する法令等に違反していることが判明した場合に、技能実習の適正な実施を確保するために必要があると認めるときは、出入国在留管理庁長官および厚生労働大臣が改善命令を行う場合があります。

　この改善命令は、違反行為そのものについての是正を行うことはもとより、実習実施者として、違反行為を起こすような管理体制や運営を行っていることそのものについて、改善させることを目的として発せられるものです。

　実習実施者は、出入国在留管理庁長官および厚生労働大臣から、期限を定めて問題となっている事項の改善に必要な措置を取るよう命じられますので、期限内に命じられた事項につ

いて、改善措置を講じる必要があります。

　改善命令に従わない場合や、改善措置を講じたとしても出入国在留管理庁長官および厚生労働大臣から適切な措置であると認められない場合には、技能実習計画の取消事由となるほか、罰則（6か月以下の懲役または30万円以下の罰金）の対象ともなります。

　さらに、改善命令を受けた実習実施者は、改善命令を受けた旨を公示されることになりますので、不適正な受入れを行っていたことが周知となります。

第8節　認定の取消し等（技能実習法第16条）

ポイント 出入国在留管理庁長官および厚生労働大臣は、実習実施者が認定計画に従って技能実習を行わせていないと認めるとき、出入国・労働関係法令に関し不正または著しく不当な行為をしたとき、改善命令に違反したときなどの場合、実習認定を取り消すことができます。

　一度認定された技能実習計画であっても、
① 認定計画に従って技能実習を実施していない場合
② 認定基準を満たさなくなった場合
③ 実習実施者が欠格事由に該当することになった場合
④ 主務大臣（法務大臣および厚生労働大臣）が行う立入検査を拒んだり妨害等した場合
⑤ 改善命令に違反した場合
⑥ 入管法令や労働関係法令に違反した場合
などは、認定の取消しの対象になります。

　技能実習計画の認定が取り消されると、技能実習を行わせることができなくなり、現在受け入れている技能実習生の受入れも継続できなくなります。また、認定の取消しを受けた旨が公示されることになり、不適正な受入れを行っていることが周知の事実となるほか、取消しの日から5年間は新たな技能実習計画の認定が受けられなくなります。

第9節　実施の届出（技能実習法第17条・第18条）

ポイント 実習実施者は、はじめて技能実習生を受け入れて実際に技能実習を行わせた際には、遅滞なく機構の地方事務所・支所の認定課に対し、実習実施者の届出をしなければなりません。

　この届出は、「実習実施者届出書」（省令様式第7号）により行いますが、技能実習計画の認定を受けて技能実習を行わせる都度ではなく、その実習実施者においてはじめて技能実習

を開始したときのみ、届出を行うことで差し支えありません。

　届出が受理された場合には、「実習実施者届出受理書」（省令様式第8号）が交付されますが、この書類には、「実習実施者届出受理番号」が付されています。この番号は今後の申請で用いることになりますので、大切に保管してください。

第10節　技能実習実施困難時の届出等（技能実習法第19条）

実習実施者や監理団体は、技能実習を適正に実施しなければなりません。

> **ポイント**　企業単独型実習実施者は、事業上・経営上の都合、技能実習生の病気やけが（労災を含む）の事情等で技能実習を受けさせることが困難となった場合には、機構の地方事務所・支所の認定課に遅滞なく届け出なければなりません。

この届出は、「技能実習実施困難時届出書」（省令様式第9号）により行います。

> **ポイント**　団体監理型実習実施者は、事業上・経営上の都合、技能実習生の病気やけが（労災を含む）の事情等で技能実習を受けさせることが困難となった場合には、速やかに監理団体に通知しなければなりません。

　通知を受けた監理団体は、「技能実習実施困難時届出書」（省令様式第18号）を対象の実習実施者の住所地を管轄する機構の地方事務所・支所の認定課に遅滞なく提出しなければなりません。

　企業単独型実習実施者または団体監理型実習実施者から通知を受けた監理団体は、

・技能実習生が途中帰国することになった場合：帰国日前まで

・それ以外の理由で技能実習を受けさせることが困難になった場合：困難になった事由が発生してから2週間以内

に、技能実習実施困難時届出書を提出しなければなりません。提出を怠ったにもかかわらず、機構の指導に従わなかった場合には、行政処分の対象となる可能性があるほか、罰則（30万円以下の罰金）の対象ともなります。

＜技能実習生が技能実習計画の満了前に途中で帰国する場合＞

　技能実習生が技能実習計画の満了前に途中で帰国することになった場合には、技能実習生に対して、意に反して技能実習を中止して帰国する必要がないことの説明や帰国の意思確認を書面により十分に行ったうえで、技能実習生の帰国が決定した時点で帰国前に機構の地方事務所・支所の認定課に届け出なければなりません。

　ただし、帰国便の都合や帰国予定の技能実習生が期間満了日までに有給休暇をまとめて消化するなどのように、技能実習期間の満了まで技能実習を受けさせられないことにやむを得ない事情がある場合などもあります。このように、技能実習生の意に反するものでないこと

が確認できる場合には、技能実習期間満了前の帰国についての申告書（参考様式第1－40号）等により帰国の意思確認を十分に行い、これらのやむを得ない事情があったことを記録しておけば、技能実習実施困難時届出書の提出は不要です。

　次の段階の技能実習に移行予定の技能実習生が、現在の技能実習期間の満了前に次の段階の技能実習に係る在留資格変更許可を受ける場合も、早期に移行した日数の分だけ全体の技能実習期間が短縮されることになります。この場合も、技能実習期間満了前の移行についての申告書（参考様式第1－41号）等により技能実習生の同意が得られていれば、技能実習実施困難時届出書の提出は不要です。

　この場合、受け入れている技能実習生が技能実習を継続したいとの希望を持っているかを確認することが必要になります。継続の希望を持っている場合には、他の技能実習生や監理団体等と連絡調整し必要な措置を講じなければなりません。また、次の実習先が確保されるまでの間の技能実習生の待遇がどのようになっているのかなど、技能実習生の現状（入国状況、住宅の確保、休業手当や雇用保険の受給状況を含む生活費等の確保）や技能実習の継続のための措置（転籍等の連絡調整等の状況、帰国する場合は帰国理由や予定時期等）を含めて届け出る必要があります。

　なお、実習実施者や監理団体が責任を持って次の実習先を確保することが必要ですが、機構が行う実習先変更支援のサービスを利用することも可能です。

第11節　帳簿の備付け（技能実習法第20条）

> **ポイント**　実習実施者は、省令で定める帳簿書類を作成し、事業所に備えておかなければなりません。保管期間は、帳簿書類の基となる技能実習が終了した日から1年間です。

　この保管期間については、技能実習生が第2号までの3年間の実習を行った場合、第2号終了時から1年間、第1号開始時からの帳簿を備えておく必要があります。

　それぞれの帳簿書類に記載すべき最低限の事項は次のとおりです。
① 技能実習生の管理簿
　・技能実習生の名簿（最低限の記事事項は次のとおり）
　　ア　氏名
　　イ　国籍（国または地域）
　　ウ　生年月日
　　エ　性別
　　オ　在留資格
　　カ　在留期間
　　キ　在留期間の満了日

　　ク　在留カード番号
　　ケ　外国人雇用状況届出の届出日
　　コ　技能実習を実施している認定計画の認定番号
　　サ　技能実習を実施している認定計画の認定年月日
　　シ　技能実習を実施している認定計画の技能実習の区分
　　ス　技能実習を実施している認定計画の技能実習の開始日
　　セ　技能実習を実施している認定計画の技能実習の終了日
　　ソ　技能実習を実施している認定計画の変更認定に係る事項（変更の認定年月日、変更事項）
　　タ　技能実習を実施している認定計画の変更届出に係る事項（変更の届出年月日、変更事項）
　　チ　既に終了した認定計画に基づき在留していた際の前記オからキまでの事項
　　ツ　既に終了した認定計画に係る前記ケからタまでの事項
　・技能実習生の履歴書（参考様式第1－3号）
　・雇用契約書および雇用条件書（参考様式第1－14号）
　・技能実習生の待遇に係る記載がされた書類（賃金台帳（労働基準法第108条）等労働関係法令上必要とされる書類の備え付けにより対応可能）
②　認定計画の履行状況に係る管理簿（参考様式第4－1号）
③　技能実習生に従事させた業務および技能実習生に対する指導の内容を記録した日誌（参考様式第4－2号）
　・従事させた業務の記録にあたっては、実習実施予定表（省令様式第1号の4面から6面）の項目の番号を引用するなどの方法により、必須業務・関連業務・周辺業務それぞれの実施状況を具体的に記録することが求められます。
④　企業単独型実習実施者は、入国前講習および入国後講習の実施状況を記録した書類（参考様式第4－3号および第4－4号）

　また、事業所管大臣は、その特定の職種および作業に特有の事情を踏まえた告示を制定することが可能となっており、帳簿書類についても告示が定められることがあります。この告示が定められた場合には、事業所管省庁、法務省、出入国在留管理庁、厚生労働省および機構のホームページ等により周知されます。

　これらの帳簿書類は、機構が行う実地検査や主務大臣である法務大臣と厚生労働大臣が行う立入検査の際にも提示できるよう適切に作成して備えておく必要があります。

第12節　実施状況報告（技能実習法第21条）

ポイント　実習実施者は、毎年1回、実施状況報告書（省令様式第10号）を作成のうえ、管轄する機構の地方事務所・支所の認定課に提出しなければなりません。

　この実施状況報告書は、毎年4月1日から5月31日までに、直近の技能実習事業年度（4月1日に始まり翌年3月31日に終わる技能実習に関する事業年度）に係る報告書を提出することとされています。

　したがって、たとえば、7月1日から翌年6月30日までの1年間、技能実習生を受け入れる場合、7月1日から翌年3月31日までの実施状況について実施状況報告書を作成し、翌年5月31日までに提出することになります。残りの翌年4月1日から6月30日までの実施状況については、次の技能実習事業年度分として翌々年の4月1日から5月31日までに提出することになります。

　昇給率の算出について、第2号移行時は、第1号技能実習の開始時の基本給※と第2号の基本給を比較した昇給率を比較します。第3号移行時は、同様に第2号技能実習の開始時の基本給と第3号の基本給を比較します。

　※給与の総支給額から超過労働給与額（時間外手当、深夜手当、休日手当、宿日直手当等）、通勤手当額、精皆勤手当額、家族手当額を除いた額

第13節　留意事項

▶個人事業主が法人化する場合または法人が個人事業主となる場合の手続等

　現に技能実習計画の認定を受けている個人事業主が法人化する場合または法人が個人事業主になる場合は、実習実施者の主体が変更されることから、新たな事業組織による新規の技能実習計画の認定申請を行うことが必要です。実習実施者の届出等の他の手続についても同様の考え方になります。

▶個人事業主が死亡した場合の手続等

　個人事業主が死亡した場合には、実習認定を受けた技能実習計画の効果は当然に終了します。団体監理型技能実習の場合、死亡を把握した実習実施者を実習監理する監理団体は、遅滞なく実習実施困難時届出書を機構の地方事務所・支所の認定課に提出することが必要です。

　ただし、死亡の日から10日以内に死亡を理由とした実習実施困難時届出書が提出された場合は、死亡の日から1か月間は、監理団体の指導のもと、技能実習責任者等の責任において技能実習の継続が可能となります。

　この場合において、引き続き技能実習を技能実習生に受けさせようとする者からの新規の技能実習計画の認定申請が行われた場合には、技能実習計画の認定の許否が通知される日まで監理団体の指導のもと、技能実習責任者等の責任において技能実習の継続が認められます。

▶法人の合併等をする場合の手続等

　法人の合併等に際し、消滅する法人（以下「消滅法人」という）が実習認定を受けた技能実習計画に基づき技能実習を技能実習生に受けさせており、その消滅法人の事務所におい

て、合併後存続する法人（以下「存続法人」という）または合併により新たに設立される法人（以下「新設法人」という）が引き続き技能実習を行わせようとする場合などには、次のとおり取り扱うこととされています。

●吸収合併の場合の取扱い

＜新規に技能実習計画の認定申請を要する場合＞

　合併前に存続法人が技能実習計画の認定を受けていなくて、しかも消滅法人が認定を受けている場合であって、合併後に存続法人が技能実習を技能実習生に受けさせようとするときは、新規に技能実習計画の認定申請が必要となります。この場合、実習認定を受けた技能実習計画に基づく技能実習を技能実習生に受けさせる期間に空白が生じることを避けるため、まず技能実習計画の認定申請にあたっては、たとえば合併を議決した総会議事録等により合併が確実に行われることを確認します。そして、合併と同日付けで実習認定を受けることが可能となるように存続法人において、事前に技能実習計画の認定申請を行うことになります。

　その際、合併により、事業開始予定日までまたは事業開始予定日付けで、法人の名称、住所、代表者、役員、技能実習責任者が変更され、これらについて、技能実習計画の認定申請時に合併を議決した総会議事録等によりその変更が確認できるときは、技能実習計画認定申請書（省令様式第1号）には変更後のものを記載し、変更後直ちに、その内容に違いがない旨の報告が必要となります。

　合併後の法人に係る技能実習計画の認定申請は、合併前の法人に行わせるものであるため、通常の技能実習計画の認定手続に必要な関係書類のほか、原則として、次の書類を提出することが必要となります。

・合併の経緯、合併後の法人および技能実習を行わせる事業所の概要
・関係法人の総会議事録（合併を議決したもの）
・社会・労働保険等合併後に提出すべき書類
・存続する法人および消滅する法人の最近の事業年度における貸借対照表等

　また、認定基準のうち、実習実施者の技能実習を継続して行わせる体制（財産的基礎）に関する要件は、原則として存続する法人の貸借対照表等により確認することになります。しかし、合併により存続する法人の資産状況が大きく毀損するおそれがある場合（消滅する法人の最近の事業年度の決算において、多額の負債が確認できる場合など）にあっては、申請者から合併後も技能実習を継続して行わせる体制（財産的基礎）に関する要件を満たしていることを疎明することが求められます。

＜新規に技能実習計画の認定申請を要しない場合＞

　合併前に存続法人が実習認定を受けている場合であって、合併後に存続法人に技能実習を行わせようとするときは、新規の技能実習計画の認定申請を行う必要はありません。しかし、合併により法人の名称等に変更がある場合には、変更の届出を行うことが必要です。

●新設合併の場合の取扱い

　新設合併の場合、つまり合併する法人がすべて解散し、それと同時に新設法人が成立する場合で、合併後に新設法人に技能実習を行わせようとするためには、新規の技能実習計画の認定申請が必要です。

　この場合、吸収合併の場合の取扱いと同様の手順により事前に技能実習計画の認定申請を行うことで差し支えありませんが、申請時には新設法人の主体は存在しないため、特例的に合併後の予定に基づいて申請書等を記載するものとし、新設法人の成立後直ちに、その内容に違いがない旨を報告することが必要です。

　なお、すべての消滅法人が合併前に実習認定を受けており、しかもその消滅法人の事業所において、合併後に新設法人に引き続き技能実習を行わせようとするときであっても、技能実習を継続して行わせる体制（財産的基礎）に関する判断に係る認定基準については、通常どおり取り扱うことになります。

●吸収分割等の場合の取扱い

　すでに存在する他の法人に分割して法人の営業を継承させる吸収分割の場合または新設する法人に分割して営業を継承させる新設分割の場合には、吸収合併の場合の取扱いに準じて対応することになります。

　なお、分割する法人について事業所数等が変更したときは、変更の届出を行うことが必要です。

第4章　監理団体の許可等

　監理団体は、その責務として、技能実習の適正な実施および技能実習生の保護について重要な役割を果たすものであることを自覚し、実習監理の責任を適切に果たすこととされています。監理団体は法律に則り、実習実施者と技能実習生との間の雇用関係の成立のあっせんや、実習実施者に対する指導、技能実習生の相談対応などを行わなければなりません。

第1節　監理団体の許可（技能実習法第23条・第24条）

▶監理団体の許可

> **ポイント** 技能実習制度において、監理事業を行おうとする者は、あらかじめ、主務大臣である法務大臣と厚生労働大臣から監理団体の許可を受ける必要があります。

　監理事業を行おうとする者は、正本1通および副本2通の監理団体許可申請書（省令様式第11号）を、機構の本部事務所の審査課に提出しなければなりません。

▶申請書の記載事項

　監理団体の許可を受けようとする申請者は、次の事項を申請書に記載しなければなりません。

ア　名称および住所並びに代表者の氏名

イ　役員の氏名および住所

ウ　監理事業を行う事業所の名称および所在地

エ　一般監理事業または特定監理事業の別

オ　監理責任者の氏名および住所

カ　外国の送出機関より団体監理型技能実習生になろうとする者からの団体監理型技能実習に係る求職の申込みの取次ぎを受けようとする場合にあっては、その氏名または名称および住所並びに法人にあっては、その代表者の氏名

キ　その他省令で定める事項（則第26条第1号〜第8号）

・役員の役職名および法人番号

・責任役員（監理事業に責任を有する役員をいう）の氏名

・外部監査の措置を講ずる場合にあっては外部監査を行う者の氏名または名称、講じない場合にあっては指定外部役員の氏名

　　　・法人の種類
　　　・団体監理型技能実習の取扱職種の範囲等
　　　・取次ぎを受けずに団体監理型技能実習の申込みを受けようとする場合にあっては、そ
　　　　の団体監理型技能実習の申込みを受ける方法の概要
　　　・監理事業を開始する予定年月日
　　　・団体監理型技能実習生からの相談に応じる体制の概要

▶申請書の添付書類

　　監理団体の許可申請に際しては、許可基準を満たしていることを証明する次頁の表中の書
類その他必要な書類を提出しなければなりません。

　　また、監理事業計画書（省令様式第12号）については、監理事業を行う事業所ごとに提出
が必要であり、事業所が複数ある場合には、その事業所の数だけ作成して提出しなければな
りません。申請書の添付資料については、申請書の正本1通および副本1通を添付すること
が必要です。

　　なお、技能実習法令の規定により、法務大臣、出入国在留管理庁長官および厚生労働大臣
または機構に提出する資料が外国語により作成されているときは、その資料に日本語の翻訳
文を添付しなければなりません。さらに、法務大臣および厚生労働大臣もしくは出入国在留
管理庁長官および厚生労働大臣または機構に提出し、または事業所に備えておく日本語の書
類に、技能実習生の署名を求める場合には、技能実習生が十分に理解できる言語も併記のう
え、署名を求めなければなりません。

▶機構による事実関係の調査の実施

　　監理団体の許可については、法律に基づいて事実関係の調査の全部を機構が行うことに
なっています。申請者は、申請書を機構の本部事務所の審査課に提出するとともに、機構が
行う調査を受けなければ許可を得ることはできません。

　　なお、調査は機構が行いますが、許可権限は主務大臣である法務大臣と厚生労働大臣にあ
ります。機構が行った調査結果を考慮しつつ、最終的な許可の諾否は主務大臣が行います。

▶労働政策審議会の意見聴取

　　厚生労働大臣は、監理団体の許可をしようとするときは、あらかじめ、労働政策審議会の
意見を聴取することとされています。これは、職業安定法における有料職業紹介事業の許可
の際に、厚生労働大臣による労働政策審議会の意見聴取規定が設けられていること（職業安
定法第30条第5項）を踏まえたものです。

監理団体の許可申請の添付書類一覧

番号	必要な書類	様式番号	申請の種類					留意事項
			新規許可	有効期間更新	事業区分変更（特定→一般）	事業区分変更（一般→特定）		
1	監理事業計画書	省令様式第12号	◎	◎	◎	◎		
2	申請者の概要書	参考様式第2-1号	○	△	△	△		
3	登記事項証明書	－	○	△	△	△		
4	定款または寄付行為の写し	－	○	△	△	△		
5	船員職業安定法第34条第1項の許可証の写し	－	○	△	△	△		船員である技能実習生に係る実習監理を行う場合に提出が必要。
6	直近2事業年度の貸借対照表の写し	－	○	○	△	△	同一年度のもの	直近の事業年度で債務超過となっている場合、以下の措置により解消が実施済みである（登記簿により確認できること）。①増資により確認できること）。②組合費・賦課金による収益・共同事業により債務超過を解消すること等について、その団体の総会等決定機関で決定しており、債務超過解消が確約されている。
7	直近2事業年度の損益計算書または収支計算書の写し	－	○	○	△	△		
8	直近2事業年度の法人税の確定申告書の写し	－	○	○	△	△		税務署の受付印があるものに限る。
9	直近2事業年度の法人税の納税証明書	－	○	○	△	△		納税証明書「その2」の所得金額の証明の提出が必要。
10	預金残高証明書等の現金・預金の額を証する書類	－	○	○	○	○		
11	監理事業所の土地・建物に係る不動産登記事項証明書	－	◎	△	△	△		
12	監理事業所の不動産賃貸借契約書の写し	－	◎	△	△	△		
13	監理事業所の見取り図および監理事業所の写真	－	○	△	○	○		
14	個人情報の適正管理および秘密の保持に関する規程の写し	－	◎	△	△	△		主務大臣が規程例を示しているので参照のこと。
15	監理団体の組織体系図	－	○	△	△	△		個人情報を取り扱う部署が区分されていることを明示することが必要。
16	監理団体の業務の運営に係る規程の写し	－	◎	△	△	△		主務大臣が規程例を示しているので参照のこと。

監理団体の許可申請の添付書類一覧

番号	必要な書類	様式番号	新規許可	有効期間更新	事業区分変更（特定→一般）	事業区分変更（一般→特定）	留意事項
17	申請者の誓約書	参考様式第2-2号	○	○	○	○	
18	役員の住民票の写し ※役員が営業に関し成年者と同一の行為能力を有しない未成年者である場合 1 法定代理人が個人の場合 　法定代理人の住民票の写し 2 法定代理人が法人の場合 　法定代理人の登記事項証明書、定款または寄付行為の写し	-	○	△	△	△	・役員全員分の提出が必要。 ・マイナンバーの記載がないもの。 ・日本人の場合は、本籍地および筆頭者の記載があるもの。 ・外国人（特別永住者を除く）の場合、国籍等、在留資格、在留期間、在留期間の満了の日、在留カード番号の記載があるもの。 ・特別永住者の場合は、特別永住者である旨、特別永住者証明書番号の記載があるもの。
19	役員の履歴書	参考様式第2-3号	○	△	△	△	全員分の提出が必要。
20	監理責任者の住民票の写し	-	○	△	△	△	・マイナンバーの記載がないもの。 ・日本人の場合は、本籍地および筆頭者の記載があるもの。 ・外国人（特別永住者を除く）の場合、国籍等、在留資格、在留期間、在留期間の満了の日、在留カード番号の記載があるもの。 ・特別永住者の場合は、特別永住者である旨、特別永住者証明書番号の記載があるもの。
21	監理責任者の履歴書	参考様式第2-4号	○	△	△	△	
22	監理責任者講習の受講証明書の写し	-	○	○	△	△	
23	監理責任者の就任承諾書および誓約書の写し	参考様式第2-5号	○	○	○	○	
24	監理責任者の社会保険・労働保険（雇用保険等）の加入状況を証する書類（健康保険等の被保険者証の写しなど、申請者における常勤の役職員であることが確認できるもの）	-	○	○	○	○	

(注1) 様式番号の欄のうち、
　　　省令様式は必ず使用しなければならない様式
　　　参考様式は必ず使用しなければならない様式ではないが、同様の内容を記載した書類を提出する必要があるもの

(注2) 提出の要否欄のうち、
　　　◎印は、監理事業所ごとに提出が必要なもの
　　　○印は、必ず提出が必要なもの
　　　△印は、過去5年以内の申請または機構への申請の際には届出に提出しており、その内容に変更がない場合に限り提出が不要なもの
　　　×印は、提出が不要なもの

監理団体の許可申請の添付書類一覧

番号	必要な書類	様式番号	申請の種類				留意事項
			新規許可	有効期間更新	事業区分変更（特定→一般）	事業区分変更（一般→特定）	
25	外部監査人の概要書	参考様式第2-6号	○	△	△	△	外部役員の措置を講じない場合にのみ必要。
26	外部監査人の受講証明書の写し	-	○	○	○	△	
27	外部監査人の就任承諾書および誓約書の写し	参考様式第2-7号	○	○	○	○	外部監査の措置を講じない場合にのみ必要。
28	指定外部役員の就任承諾書および誓約書の写し	参考様式第2-8号	○	○	○	○	外部役員の措置を講じない場合にのみ必要。
29	外国の送出機関の概要書	参考様式第2-9号	○	△	△	△	
30	外国政府発行の外国政府認定送出機関の認証の写し	-	○	△	△	△	外国政府認定送出機関（機構のホームページの一覧を参照）に該当する場合に提出が必要。
31	監理団体と外国の送出機関との団体監理型技能実習の申込みの取次ぎに関する契約書の写し	-	○	△	△	△	
32	外国の送出機関の登記や登録がされていることを証する書類	-	○	△	△	△	外国政府認定送出機関の場合には提出不要。
33	送出国の技能実習制度関係法令を明らかにする書類	-	○	△	△	△	外国政府認定送出機関の場合には提出不要。
34	外国の送出国が送出国の技能実習制度関係法令に従って技能実習に関する事業を適法に行う能力を有する書類	-	○	△	△	△	外国政府認定送出機関の場合には提出不要。
35	外国の送出機関の誓約書	参考様式第2-11号	○	○	○	○	外国政府認定送出機関の場合には提出不要。
36	外国の送出機関の推薦状	参考様式第2-12号	○	○	○	○	外国政府認定送出機関の場合には提出不要。
37	外国の送出機関が徴収する費用明細書	参考様式第2-10号	○	○	○	○	外国政府認定送出機関の場合には提出不要。

（注1）様式番号の欄のうち、
　　　　省令様式は必ず使用しなければならない様式
　　　　参考様式は必ず使用しなければならない様式ではないが、同様の内容を記載した書類を提出する必要があるもの
（注2）提出の要否欄のうち、
　　　　○印は、必ず提出が必要なもの
　　　　△印は、監理事業所ごとに提出が必要なもの
　　　　△印は、過去5年以内に機構への申請または届出の際に提出しており、その内容に変更がない場合に限り提出が不要なもの
　　　　×印は、提出が不要なもの

監理団体の許可申請の添付書類一覧

番号	必要な書類	様式番号	申請の種類				留意事項
			新規許可	有効期間更新	事業区分変更（特定→一般）	事業区分変更（一般→特定）	
38	技能実習計画作成指導者の履歴書	参考様式第2-13号	○	△	△	△	取扱職種のすべてについての作成指導者のものの提出が必要。
39	優良要件適合申告書（監理団体）	参考様式第2-14号	○	○	○	×	一般監理事業の許可を受けようとする場合に提出が必要。

(注1) 様式番号の欄のうち、
　　　省令様式は必ず使用しなければならない様式
　　　参考様式は必ず使用しなければならない様式ではないが、同様の内容を記載した書類を提出する必要があるもの
(注2) 提出の要否欄のうち、
　　　◎印は、監理事業所ごとに提出に提出が必要なもの
　　　○印は、必ず提出が必要なもの
　　　△印は、過去5年以内に機構への申請または届出の際には届出の際に提出しており、その内容に変更がない場合に限り提出が不要なもの
　　　×印は、提出が不要なもの

※　監理団体の業務の実施に関する基準に関し事業所管大臣が告示で要件を定めた職種に係る監理団体の許可申請である場合や、個別具体的な申請内容に応じて資料の提出が必要である場合などには、上記以外の資料の提出を求められることがあります。

▶監理団体の許可手数料

　申請者は、監理団体の許可手数料を、国に対しては申請手数料を収入印紙によって、機構に対しては調査手数料を口座振込みによって、それぞれ納付しなければなりません。

　許可手数料は次のとおりです。なお、一般監理事業への区分変更許可の申請の際も同様です。

国 （申請手数料）	基本額　1件につき　2,500円
	加算額　事業所が2以上の場合　900円×（事業所数－1）
機構 （調査手数料）	基本額　1件につき　47,500円
	加算額　事業所が2以上の場合　17,100円×（事業所数－1）

　また、監理団体の許可にあたっては、許可1件につき登録免許税を15,000円納付することが必要になります（登録免許税法別表第1第63号）。一般監理事業への区分変更許可の申請の際も同様です。

第2節　監理団体の許可基準（技能実習法第25条）

　監理団体の許可基準は、法律および省令で定められています。次に示す基準のいずれにも適合し、しかも本章第3節に規定する許可の欠格事由（129頁参照）に該当しないものが、監理団体として許可されます。

▶法人形態

　監理団体は、技能等の移転による国際協力の推進を目的とする技能実習制度において重要な役割を果たす機関であり、わが国の営利を目的としない法人であることが求められています。具体的には、原則として、商工会・商工会議所、中小企業団体、職業訓練法人、農業協同組合、漁業協同組合、公益社団法人または公益財団法人であることが必要とされています。

　これら以外の法人形態で監理団体になろうとする場合には、監理事業を行うことについて特別な理由があること、重要事項の決定および業務の監査を行う適切な機関をおいていることを満たす必要があります。

　なお、監理事業を行うことについて特別な理由があることについては、過去3年以内に、次の①または②を行った実績があり、その実績を資料等により明確に示すことが要件となります。

①　「公益社団法人及び公益財団法人の認定等に関する法律」の「公益目的事業」に該当する業務

②　職業訓練、教育支援、わが国から外国への技能等の移転に関する業務等、人材育成の支援に関する業務

▶監理団体の業務の実施

　監理団体は、許可を受ける際に「監理団体の業務の実施に関する基準」（則第52条第4号）に従って業務を適正に行うに足りる能力を有することが必要であり、許可を受けた後は、その基準に従って業務を実施しなければなりません。

●監査

<blockquote>
ポイント　実習実施者が認定計画に従って技能実習を受けさせているか、出入国または労働に関する法令に違反していないか、その他の団体監理型技能実習の適正な実施および団体監理型技能実習生の保護に関する事項について、監理責任者の指揮のもとに、定められた方法および頻度で適切に監査を行うことが求められています。
</blockquote>

　監査を実施するにあたり、監理団体は、技能実習生が認定計画と異なる作業に従事していないか、実習実施者が出入国または労働に関する法令に違反していないかなどの事項について、監理責任者の指揮のもとで、3か月に1回以上の頻度で、実習実施者に対して適切に行うことが必要です。

　監理責任者は、監理団体が行う監理事業の統括責任者です。そのため、監査にあたっては、監理責任者が自らの指揮のもと、監査の実務を担当する監理団体の役職員とともに適切に行う必要があります。監査は監理団体が行う監理事業の根幹業務ですので、外部に委託することはできません。

　なお、監理責任者は、実習実施者の役職員もしくは過去5年以内に役職員であった場合や、これらの者の配偶者もしくは二親等以内の親族である場合は、その実習実施者の実習監理を行うことはできず、他の監理責任者を新たに選任し、実習監理を行わせる必要があります。

　監査を行った場合には、監査を行った日から2か月以内に、監査報告書（省令様式第22号）により、その結果を対象の実習実施者の住所地を管轄する機構の地方事務所・支所の指導課に報告することになります。

　監査の際には、原則として、

① 技能実習の実施状況を実地に確認すること
② 技能実習責任者および技能実習指導員から報告を受けること
③ 技能実習生の4分の1以上と面談すること
④ 実習実施者の事業所の設備・帳簿書類等を閲覧すること
⑤ 技能実習生の宿泊施設等の生活環境を確認すること

が必要です。

　一方で、たとえば部外者の立入りがきわめて困難な場所で実習が行われているため、前記の①の方法によることができない場合など、技能実習生が従事する業務の性質上①～⑤

のうちの一つまたは複数の方法について著しく困難な事情がある場合には、その方法に代えて他の適切な方法を取ることが可能です。この場合は、その理由と他の適切な監査方法を監査報告書の特記事項欄に記載することになります。

　監理団体が監査において確認する内容については、技能実習の運用上問題が生じやすい部分を重点的に確認することが必要です。たとえば、割増賃金の不払い、労働時間の偽装、技能実習計画とは異なる作業への従事、実習実施者以外の事業者での作業従事、不法就労者の雇用、入国後講習期間中の業務への従事などが、過去の不正行為事例として多く認められています。

<技能実習生との面談>

　技能実習生との面談については、前頁の③のように1回の監査につき技能実習生の4分の1以上と面談しなければならないこととされており、3か月に1回以上の監査によってできる限りすべての技能実習生と面談することが望まれます。

　技能実習生との面談の方法においては、技能実習生の日本語の理解能力に応じて、通訳人を使用したり、「最近どこでどんな仕事をしていますか」「先月の給料はいくら受け取りましたか」といった平易な日本語を用いて質問をしたりすることや、技能実習生手帳を用いて重要な部分を参照しながら説明を行うことなどが効果的と考えられます。

　面談において、技能実習生から実習内容や雇用契約の内容について要望や相談があり、その内容が技能実習法違反等の疑いがある場合には、速やかに実習実施者に確認し、改善させるとともに、機構に報告する必要があります。

　また、技能実習を継続していくうえで、支障が生じるおそれがあるような内容や状況を把握した場合、たとえば、仕事がきつい、指示がわからない、もっと休みがほしい、いつもつらそうにしている、仕事のことを考えると眠れなくなるなどがあった場合は、実習実施者と相談のうえ、技能実習生の負担軽減のための業務上の配慮をしたり、技能実習生とのコミュニケーションを図る方法を見直したりするなどの対応を行うことが求められます。その際、技能実習計画の変更が生じる場合には、機構への届出等が必要になる場合があります。

　技能実習生から要望や相談が寄せられない場合であっても、面談や監査を通じて、現在の実習の環境が技能実習生にとって大きな負担となっていないかを十分に確認し、負担となっていると判断される場合は、前記と同様の対応を取ることが望まれます。

<④・⑤の確認にあたっての留意点>

　前頁の④の事業所の設備・帳簿書類等の確認にあたっては、たとえば次のような点に留意することが必要です。

　ア　技能実習計画に記載された機械、器具等の設備を用いて、安全衛生面に配慮して、技能実習計画に記載されたとおりに技能実習が行われていること

　イ　賃金台帳、タイムカードなどから確認できる技能実習生に対して支払われた報酬や労働時間が技能実習計画に記載された内容と合致していること

　ウ　技能実習生に対する業務内容・指導内容を記録した日誌から、技能実習生が技能実

習計画に記載された業務を行っていること

また、⑤の宿泊施設等の生活環境の確認にあたっては、たとえば次のような点に留意することが必要です。

　ア　宿泊施設の衛生状況が良好であるか

　イ　宿泊施設の1部屋あたりの実習生数が何名となっているか

　ウ　不当に私生活の自由が制限されていないか

●臨時監査

ポイント　前記の3か月に1回以上の頻度で行う監査のほか、実習実施者が実習認定の取消事由のいずれかに該当する疑いがあると監理団体が認めた場合には、直ちに臨時の監査を行うことが必要となります。

　この臨時の監査については、実習実施者が認定計画に従って技能実習を行わせていないなどの情報を得たときはもとより、実習実施者が不法就労者を雇用しているなど出入国関係法令に違反している疑いがあるとの情報を得たとき、実習実施者が技能実習生の労働災害を発生させたなど労働関係法令に違反している疑いがあるとの情報を得たときなどにも行うことが求められます。

　実習実施者が実習認定の取消事由のいずれかに該当する疑いがあると監理団体が認めた場合に直ちに行う監査を、便宜上臨時監査と呼んでいますが、この臨時監査は、必ずしも定期監査を3か月に1回以上の頻度で臨時監査とは別に実施しなければいけないわけではありません。

●訪問指導

ポイント　訪問指導とは、第1号技能実習の場合に、監査とは別に、監理責任者の指揮のもとに、1か月につき少なくとも1回以上、監理団体の役職員が実習実施者に赴いて技能実習の実施状況を実地に確認するとともに、認定された技能実習計画に基づいて技能実習を適正に行わせるよう必要な指導を行うことです。

　「訪問指導」を行った場合は、指導の内容を記録した訪問指導記録書（参考様式第4-10号）を作成し、事業所に備え付けなければなりません。また、この訪問指導の書類の写しは、事業報告書に添付し、年に1度機構の本部事務所の審査課に提出しなければなりません。

●制度趣旨に反した方法での勧誘等

> **ポイント** 監理団体の業務の実施に関する基準（則第52条第4号）においても、制度の趣旨に反して技能実習を労働力の需給調整の手段であると誤認させるような方法で、実習実施者の勧誘または監理事業の紹介をすることを禁止しています。

　具体的には、監理団体が、そのホームページやパンフレットなどで、技能実習生の受入れが人手不足対策になるといったような宣伝や広告を出すことは不適切な勧誘や紹介となります。

●外国の送出機関との契約内容

> **ポイント** 監理団体は、外国の送出機関から求職の申込みの取次ぎを受けようとする場合にあっては、外国の送出機関との間でその取次ぎに係る契約を締結することが求められているとともに、外国の送出機関が保証金、違約金の徴収を行うような契約を結んでいないことについて確認し、その旨を外国の送出機関との取次ぎに係る契約書に記載しなければなりません。

　監理団体と取次送出機関との間で、技能実習生が失踪した場合などのような技能実習に係る契約の不履行について、違約金（名称はこれに限定されない）を定める契約を結ぶことも認められません。
　これは、技能実習生等から保証金、違約金の徴収を行うような外国の送出機関はふさわしくないため、そのことを監理団体においても確認し、外国の送出機関との契約書において明記することを求めるものです。
　監理団体自らが外国の送出機関と、技能実習に係る契約の不履行についての違約金契約やキックバックなどの不当な利益を得る契約を締結している場合には、監理許可が取り消されることがありますので、外国の送出機関と契約を締結する際には、相手まかせにせず、確実に契約内容を確認してください。

●外国の送出機関からの取次ぎ

　監理団体が取次ぎを受ける場合には、外国の送出機関からでなければなりません。これは、技能実習生の保護の観点から、一定の基準を満たした外国の送出機関からのみの取次ぎを認めるものです。

●入国後講習の実施

> **ポイント** 監理団体は、第1号技能実習において、技能実習生に対して入国後講習を行わせる主体となり、また、監理団体は、入国後講習の期間中は、いかなる事情があろうとも、技能実習生を実習実施者の都合で業務に従事させてはいけないので、そのようなことがないよう十分に監理することが必要です。

　特に、講習時間前後の早朝や夜間に技能実習生が業務に従事したりすることがないよう、技能実習生が入国後講習に専念できる環境づくりに努める必要があります。

　入国後講習を実施する施設は、入国後講習が座学で行われることに照らして、机と椅子が整えられた学習に適した施設で行われなければなりません。このため、監理団体は、通常、同時期に入国した技能実習生を、机と椅子が整えられた学習に適した研修施設に集めて、講習を実施することになります。

　入国後講習を実施した後、監理団体は、入国後講習実施記録（参考様式第4－9号）を作成し、事業所に備え付けなければなりません。

●技能実習計画の作成指導

> **ポイント** 監理団体が実習実施者の作成する技能実習計画について指導するにあたっては、技能実習を行わせる事業所と技能実習生の宿泊施設を実地に確認するほか、
> ①　認定基準および出入国または労働に関する法令への適合性の観点
> ②　適切かつ効果的に技能等の修得等をさせる観点
> ③　技能実習を受けさせる環境を適切に整備する観点
> から指導を行わなければなりません。

　特に、適切かつ効果的に技能等の修得等をさせる観点からの指導については、監理団体の役職員のうち、技能実習生に修得等をさせようとする技能等について一定の経験や知識がある者が行わなければなりません。

　また、技能実習計画作成指導者は、実習実施者が技能実習生に従事させようとする作業が、技能実習を受けさせる事業所において通常行われている内容であることを確認するとともに、その作業が移行対象職種・作業に係るものである場合には、実習実施者に審査基準を丁寧に説明するなどして、定められている業務の内容が必須業務等として実施可能であるかを必ず確認しなければなりません。

　修得等をさせようとする技能等について一定の経験または知識を有すると認められる技能実習計画作成指導者は、監理団体の役職員（常勤・非常勤は問わない）であって、取扱職種について5年以上の実務経験を有する者か、取扱職種に係る技能実習計画作成の指導歴を有する者である必要があります。

　5年以上の実務経験として求められるレベルとしては、厳密な作業レベルまで一致する経験を求められるわけではなく、たとえば、移行対象職種・作業の単位で一致する経験を有していることまでではなく、職種単位で一致する経験であれば、作業の単位で異なる経験であったとしても認められることになります。

　技能実習計画作成の指導歴については、適正に認定された技能実習計画の作成指導経験（旧制度における技能実習計画の作成経験を含む）があることが必要です。たんに補助者として技能実習計画の作成を手伝ったり、助言にとどまる場合には指導歴とみなすことはできません。

●帰国旅費の負担

> **ポイント**　監理団体は、技能実習生の帰国旅費を負担するとともに、技能実習の終了後の帰国が円滑にされるよう必要な措置を講じなければなりません。

　監理団体は、技能等を移転するという技能実習制度の趣旨に鑑みて、技能実習生の帰国に支障を来さないようにするために、監理団体が帰国旅費の全額を負担し、必要な措置として、技能実習生が帰国するまでの間、生活面等で困ることがないよう、技能実習生がおかれた状況に応じて支援を行うこととされています。

　この場合、帰国予定の技能実習生の在留資格が、帰国が困難である等の事情により、他の在留資格に変更された場合であっても同様です。

　監理団体は、必要な措置を講じるにあたって生じる費用および帰国旅費については、その他諸経費として、監理費（実費に限る）を実習実施者から徴収することができますが、いかなる理由でも技能実習生に負担させることは認められません。

●人権侵害行為、偽変造文書等の行使等

> **ポイント**　監理団体は、監理事業を行ううえで、技能実習生の人権を著しく侵害する行為を行わないこと、申請者等が不正な目的で偽変造文書等の行使等をしないことが求められます。

　技能実習生の人権を著しく侵害する行為の代表的な例としては、技能実習生から人権侵害を受けた旨の申告により、人権擁護機関において人権侵犯の事実が認められた場合や、監理団体が技能実習生の意に反して預金通帳を取り上げていた場合などが考えられます。

　また、不正な目的での偽変造文書等の行使等の代表的な例としては、実習実施者に対する監査を法定基準にのっとって行っていない事実を隠蔽するために作成した監査報告書を機構に提出した場合や、実習実施者において法令違反が行われていることを認識しつつ、技能実習が適正に実施されているかのような監査報告書を機構に提出した場合などが考え

られます。

●二重契約の禁止、法令違反時の報告

ポイント 監理団体は、技能実習計画と反する内容の取決めを技能実習生との間で行ってはなりません。

　技能実習計画と反する内容の取決めの代表的な例としては、技能実習生の講習手当について、技能実習計画の認定申請の際に提出した書類に記載された講習手当より低い額の手当を支払う旨の別の合意を行っていた場合などが考えられます。

●相談体制の整備等

ポイント 監理団体は、技能実習生からの相談に応じるとともに、実習実施者および技能実習生への助言、指導その他の必要な措置を講じなければなりません。

　監理団体に相談体制の構築を求める趣旨は、実習実施者において技能実習生が人権侵害行為を受けている事案など実習実施者の技能実習指導員や生活指導員などの役職員に相談できない場合において、監理団体が技能実習生を保護・支援できるようにするためです。
　また、監理団体に、受け入れている技能実習生の国籍（国または地域）に応じた相談応需体制を整備させることにより、実習実施者のみでは体制整備が困難な母国語での相談を可能とするものです。
　技能実習生からの相談内容に係る対応については、監理事業に従事する役職員が行わなければならず、その内容に応じて、公的機関や実習実施者の生活指導員等と連携して適切に対応する必要があります。技能実習生からの相談に対応した場合は、団体監理型技能実習生からの相談対応記録書（参考様式第4－11号）を作成し、事業所に備え付けなければなりません。
　監理団体は、技能実習生が相談したい場合に、いつ誰に連絡したら相談を受けられるのかがわかるよう、監理団体の連絡先等を示すとともに、相談方法等について、入国後講習の法的保護情報の科目の講義の際に、必須教材とされている技能実習生手帳の該当箇所を示すなどにより、機構をはじめ、利用できる機関について技能実習生に対して詳しく周知する必要があります。
　また、監理団体は、実習実施者と連携して、技能実習生が健康で快適な実習生活を送れるようにするため、食生活・医療等についての適切な助言および援助を行うことができる体制を整備する必要があります。相談対応にあたっては、実習に関すること以外にも相談に応じる必要があり、相談内容によっては、国や自治体等が行っている各種行政サービスや医療機関の窓口への付き添い等のサポートを行いながら利用を促すことが求められます。

　技能実習生からの相談には、相談しやすい環境を作り、相談に速やかに対応するとともに、日頃から良好な関係性を築いておくことにより、技能実習生の悩みや体調の変化を把握することが重要です。

●監理団体の業務の運営に係る規程の掲示

> **ポイント**　監理団体は、監理団体の業務の運営に係る規程を作成し、監理団体の事業所内の、一般の人からも見える場所に掲示しなければならず、この規程に従って監理事業を行わなければなりません。

　監理団体の業務の運営に係る規程には、技能実習関係法令に反する事項が含まれていないことはもとより、団体監理型実習実施者等および技能実習生等の個人情報を適切に管理する旨の内容を含むことが必要です。

●特定の職種・作業

　前記に掲げるもののほか、主務大臣である法務大臣および厚生労働大臣が告示で定める特定の職種および作業に係る団体監理型技能実習の実習監理を行うものにあっては、その特定の職種および作業に係る事業所管大臣が告示で定める基準に適合しなければなりません。

▶財産的基礎

> **ポイント**　監理事業を健全に遂行するにあたっては、監理団体は、一定程度の財務的基盤を有することが必要です。この点については、監理団体の事業年度末（技能実習事業年度末ではない）における欠損金の有無、債務超過の有無等から総合的に勘案されることになります。

具体的には、
① 　直近の財務諸表（貸借対照表）で債務超過となっていないこと、または
② 　直近の財務諸表（貸借対照表）で債務超過となっている場合には、たとえば、次のような措置により、今期の決算における債務超過の解消が確実視されることが必要です。
　・増資が実施済みである（登記簿等により確認ができること）。
　・組合費、賦課金による収益、共同事業による収益等により債務超過を解消すること等について、その団体の総会等決定機関で決定しており、債務超過解消が確約されている。
なお、これらの取組みは、直近の財務諸表における債務超過額を上回る額の対応であることが必要です。また、監理団体が実習実施者から徴収する監理費については、実費の額を超

えない額を徴収することとされており、技能実習生の受入事業により収益が上がることは認められません。さらに、債務超過の解消が確実視されるものとして許可が行われた場合には、債務超過の解消が許可の条件として付されます。許可条件を満たさない場合は、取消しの事由に該当することになります。

また、債務超過を理由として不許可または不更新の措置を受けた団体が、新たに監理事業の許可申請をする場合は、過去の債務超過を解消していることはもとより、財産的基礎を有することについて明確な見込みがあることが公的資格を有する第三者の書面で確認できなければ認められません。直近の事業年度に係る財産状況で欠損金がないこと、組合としての事業で一定の期間安定的に運営できていることが確認できるなど、総合的に勘案することになります。

▶個人情報の保護

> **ポイント** 監理団体は、技能実習生の賃金、職歴、国籍（国または地域）等や実習実施者の情報など、個人情報として保護する要請の高い情報を取り扱うことになるため、個人情報を適切に管理し、秘密を守るために必要な措置を講じておかなければなりません。

具体的には、個人情報適正管理規程を作成しなければなりません。

個人情報の保護に関するポイントは、次のとおりです。

① 技能実習生等の個人情報を適正に管理するための事業運営体制
・個人情報を取り扱う事業所内の職員の範囲が明確にされていること
・業務上知り得た個人情報を業務以外の目的で使用したり、他に漏らしたりしないことにつき、職員への教育が実施されていること
・本人から求められた場合の個人情報の開示または訂正の取扱いに関する規定があり、その規定について技能実習生等への周知がされていること
・個人情報の取扱いにおける苦情処理に関する事業所内の体制が明確にされ、苦情を適切に処理するものとされていること

② 個人情報管理の措置
・個人情報を目的に応じ必要な範囲において正確かつ最新のものに保つための措置が講じられていること
・個人情報の紛失、破壊および改ざんを防止するための措置が講じられていること
・個人情報を取り扱う事業所内の職員以外の者による個人情報へのアクセスを防止するための措置が講じられていること
・監理事業の目的に照らして必要がなくなった個人情報を破棄または削除するための措置が講じられていること

▶外部役員および外部監査

ポイント 技能実習の適正な実施および技能実習生の保護を実現するためには、監理団体が実習実施者に対して指導・監督を適切に行うことを担保し、監理団体が中立的な業務の運営を行うことが不可欠です。
　一方で、監理団体がその組合員たる実習実施者を実習監理するに際し、中立的な業務の運営を行うことが難しい側面も存在することは事実です。このため、外部役員をおくことまたは外部監査の措置を講じることのいずれかの措置を監理団体が講じることが法律上義務付けられており、外部の視点を加えることにより、監理団体の業務の中立的な運営を担保する必要があります。

●外部役員をおく方法

　指定外部役員は、実習実施者に対する監査等の業務が適正に実施されているかの確認を法人内部から担当する役員であり、監理団体の外部役員の中から指定を受けた者です。過去3年以内に外部役員に対する講習を修了した者でなくてはなりません。

　また、外部役員は、その「外部」性を担保する観点から、次のような者であってはならないとされています。

①　実習監理を行う対象の実習実施者またはその現役もしくは過去5年以内の役職員
②　過去5年以内に実習監理を行った実習実施者の現役または過去5年以内の役職員
③　①②の者の配偶者または二親等以内の親族
④　申請者（監理団体）の現役または過去5年以内の役職員（監理事業に係る業務の適正な執行の指導監督に関する専門的な知識と経験を有する役員および指定外部役員に指定されている役員を除く）
⑤　申請者（監理団体）の構成員（申請者が実習監理する団体監理型技能実習の職種に係る事業を営む構成員に限る）もしくは役職員または過去5年以内の役職員
⑥　傘下以外の実習実施者またはその役職員
⑦　他の監理団体の役職員（監理事業に係る業務の適正な執行の指導監督に関する専門的な知識と経験を有する役員および指定外部役員に指定されている役員を除く）
⑧　申請者（監理団体）に取次ぎを行う外国の送出機関の現役または過去5年以内の役職員
⑨　過去に技能実習に関して不正等を行った者など、外部役員による確認の公正が害されるおそれがあると認められる者

　指定外部役員には、監理団体の各事業所について監査等の業務の遂行状況を3か月に1回以上確認し、その結果を記載した書類を作成することが求められます。

●外部監査の措置を講じる方法

　外部監査人は、実習実施者に対する監査等の業務が適正に実施されているかの監査を法

人外部から実施するために、監理団体から選任を受けた者です。法人・個人のいずれでも外部監査人になることが可能です。過去3年以内に外部監査人に対する講習を修了した者でなくてはなりません。

　また、外部監査人は、その「外部」性を担保する観点から、次のような者であってはならないとされています。

① 実習監理を行う対象の実習実施者またはその現役もしくは過去5年以内の役職員
② 過去5年以内に実習監理を行った実習実施者の現役または過去5年以内の役職員
③ ①②の者の配偶者または二親等以内の親族
④ 申請者（監理団体）の現役または過去5年以内の役職員
⑤ 申請者（監理団体）の構成員（申請者が実習監理する団体監理型技能実習の職種に係る事業を営む構成員に限る）もしくは役職員または過去5年以内の役職員
⑥ 傘下以外の実習実施者またはその役職員
⑦ 他の監理団体の役職員
⑧ 申請者（監理団体）に取次ぎを行う外国の送出機関の現役または過去5年以内の役職員
⑨ 法人であって監理団体の許可の欠格事由に該当する者、個人であって監理団体の許可に係る役員関係の欠格事由に該当する者
⑩ 過去に技能実習に関して不正等を行った者など、外部監査の公正が害されるおそれがあると認められる者

　外部監査人には、監理団体の各事業所について監査等の業務の遂行状況を3か月に1回以上確認し、その結果を記載した書類を作成、監理団体へ提出することが求められます。

　また、外部監査人は監理団体の役職員ではなく、監理団体が行う監査等の業務に従事することがないことから、監理団体が行う実習実施者への監査に、監理団体の各事業所につき1年に1回以上同行して確認し、その結果を記載した書類を作成、監理団体へ提出することが求められます。

▶外国の送出機関

> **ポイント** 監理団体は、外国の送出機関から取次ぎを受けようとする場合には、その外国の送出機関の氏名・名称等について許可の申請の際に申請書に記載するとともに、その外国の送出機関との間でその取次ぎに係る契約を締結していることが必要となります。その後、取次ぎを受けようとする外国の送出機関を追加・変更等しようとするときは、変更の届出を行うことが必要となります。

外国の送出機関の要件は、次のとおりです。
① 所在する国または地域の公的機関から技能実習の申込みを適切にわが国の監理団体に取り次ぐことができるものとして推薦を受けていること

②　制度の趣旨を理解して技能実習を受けようとする者のみを適切に選別し、わが国への送出しを行っていること

③　技能実習生等（技能実習生および技能実習生になろうとする者）から徴収する手数料その他の費用について、算出基準を明確に定めて公表するとともに、その費用について技能実習生等に対して明示し、十分に理解させていること

④　技能実習を修了して帰国した者が、修得をした技能等を適切に活用できるよう、就職先のあっせんその他の必要な支援を行っていること

⑤　技能実習を修了して帰国した者による技能等の移転の状況等について機構等が行う調査に協力していること、その他機構等からの技能実習の適正な実施および技能実習生の保護に関する要請に応じていること

⑥　その機関またはその役員が禁錮以上の刑（これに相当する外国の法令による刑を含む）に処せられ、その刑の執行を終わり、またはその刑の執行を受けることがなくなった日から5年を経過していること

⑦　所在する国または地域の法令に従って事業を行っていること

⑧　その機関またはその役員が、過去5年以内に、次に掲げる行為をしていないこと

ア　保証金の徴収その他名目のいかんを問わず、技能実習生等またはその配偶者、直系もしくは同居の親族その他技能実習生等と社会生活において密接な関係を有する者の金銭その他の財産を管理する行為

イ　技能実習に係る契約の不履行について、違約金を定める契約その他の不当に金銭その他の財産の移転を予定する契約をする行為

ウ　技能実習生等に対する暴行、脅迫、自由の制限その他人権を侵害する行為

エ　実習実施を行わせようとする者に不正に技能実習計画の認定・変更を受けさせたり、監理事業を行おうとする者に不正に許可・更新を受けさせたり、出入国もしくは労働に関する法令の規定に違反する事実を隠蔽したり、またはその事業活動に関し、外国人に不正に入管法上の許可等を受けさせたりする目的で、偽変造文書・図画または虚偽文書・図画を行使または提供する行為

⑨　技能実習生等またはその配偶者、直系もしくは同居の親族その他技能実習生等と社会生活において密接な関係を有する者が、⑧のアおよびイの行為が行われていないことについて、技能実習生になろうとする者から確認していること

⑩　上記の①～⑨のほか、技能実習の申込みを適切にわが国の監理団体に取り次ぐために必要な能力を有すること

取次ぎを受けようとする外国の送出機関が上記の要件に適合していることを証明する書類を、監理団体がその外国の送出機関から入手して、申請書の添付書類として提出することが求められます。

送出国政府との間に二国間取決めがされている場合には、送出国政府が外国の送出機関の適格性を個別に審査することとなりますので、送出国政府から認定を受けている外国の送出機関（外国政府認定送出機関）であれば、上記の①～⑩の要件に適合しているものとみなさ

れます。ただし、送り出した技能実習生の失踪率が著しく高い送出機関は、省令において定められている要件に適合しないと判断される場合があります。外国政府認定送出機関は、機構のホームページ等で公表されています。

▶優良な監理団体

> **ポイント** 監理団体の許可には、事業区分として、
> ・一般監理事業（第1号、第2号および第3号の技能実習の実習監理が可能）
> ・特定監理事業（第1号および第2号のみの技能実習の実習監理が可能）
> の2区分があり、一般監理事業の許可を受けるためには、高い水準を満たした優良な監理団体でなければなりません。

　その運用にあたっては、次の表（115〜117頁）で6割以上の点数（新配点：150点満点で90点以上、旧配点：120点満点で72点以上）を獲得した場合に、「優良」であると判断されることとされています。この旧配点から新配点への移行は、令和2（2020）年11月の改正で行われましたが、令和2（2020）年11月から令和3（2021）年10月までの間は、旧配点と新配点のいずれかを選択することが可能とされていました。

●技能実習の実施状況の監査その他の業務を行う体制

　表中の①のⅠの「監理団体が行う定期の監査」は、監理団体内部の複数の役職員が担当するものです。その実施方法・手順を定めたマニュアル等を策定し、監査を担当する職員に周知することは、監査の適正な実施に資するものであることから、配点を設けてマニュアル等の策定が推奨されています。

　①のⅡの「監理事業に関与する常勤の役職員」に比して、「実習監理を行う実習実施者」が多くなっている場合、実習監理を適正に行うことが難しくなってくることから、監理事業に関与する常勤の役職員と実習監理を行う実習実施者の比率が1：5未満であるなど、その比率が低い場合に一定の配点が設けられています。

　①のⅢは、監理責任者以外の職員に対しては、監理責任者等講習の受講は義務付けられていないものの、監理責任者以外の職員についても、技能実習の適正な実施および技能実習生の保護の観点からその講習の受講は効果的であるために、受講した場合には加点要素とすることでこれを推奨するものです。なお、「直近過去3年以内」とは、申請時を起点としてさかのぼった3年間における講習の受講実績を指し、直近3技能実習事業年度の受講実績ではありません。

　さらに、①のⅣ〜Ⅶに関しても、監理団体が業務として行うことが、技能実習の適正な実施および技能実習生の保護に資するものであることから、加点要素として推奨されています。

	項目	配点
①団体監理型技能実習の実施状況の監査その他の業務を行う体制	【最大50点】	
	Ⅰ　監理団体が行う定期の監査について、その実施方法・手順を定めたマニュアル等を策定し、監査を担当する職員に周知していること	・有：5点
	Ⅱ　監理事業に関与する常勤の役職員と実習監理を行う実習実施者の比率	・1：5未満：15点 ・1：10未満：7点
	Ⅲ　直近過去3年以内の監理責任者以外の監理団体の職員（監査を担当する者に限る）の講習受講歴	・60％以上：10点 ・50％以上60％未満：5点
	Ⅳ　実習実施者の技能実習責任者、技能実習指導員、生活指導員等に対し、毎年、研修の実施、マニュアルの配布などの支援を行っていること	・有：5点
	Ⅴ　帰国後の技能実習生のフォローアップ調査に協力すること	・有：5点
	Ⅵ　技能実習生のあっせんに関し、監理団体の役職員が送出国での事前面接をしていること	・有：5点
	Ⅶ　帰国後の技能実習生に関し、送出機関と連携して、就職先の把握を行っていること	・有：5点
②技能等の修得等に係る実績	【最大40点】	
	Ⅰ　過去3技能実習事業年度の基礎級程度の技能検定等の学科試験および実技試験の合格率（旧制度の基礎2級程度の合格率を含む）	・95％以上：10点 ・80％以上95％未満：5点 ・75％以上80％未満：0点 ・75％未満：－10点
	Ⅱ　過去3技能実習事業年度の2・3級程度の技能検定等の実技試験の合格率 ＜計算方法＞ 分母：新制度の技能実習生の2号・3号修了者数－うちやむを得ない不受検者数＋旧制度の技能実習生の受検者数 分子：（3級合格者数＋2級合格者数×1.5）×1.2 ＊旧制度の技能実習生の受検実績について、施行日以後の受検実績は必ず算入	・80％以上：20点 ・70％以上80％未満：15点 ・60％以上70％未満：10点 ・50％以上60％未満：0点 ・50％未満＊：－20点 ＊左記の計算式の分母の算入対象となる技能実習生がいない場合を含む
	Ⅲ　直近過去3年間の2・3級程度の技能検定等の学科試験の合格実績 ＊2級、3級で分けず、合格人数の合計で評価	・2以上の実習実施者から合格者を輩出：5点 ・1の実習実施者から合格者を輩出：3点

		項目	配点
		IV　技能検定等の実施への協力 ＊傘下の実習実施者が、技能検定委員（技能検定における学科試験および実技試験の問題の作成、採点、実施要領の作成や検定試験会場での指導監督などを職務として行う者）または技能実習評価試験において技能検定委員に相当する者を社員等の中から輩出している場合や、実技試験の実施に必要とされる機材・設備等の貸与等を行っている場合を想定	・1以上の実習実施者から協力 　有：5点
③法令違反・問題の発生状況	【最大5点】		
	I	直近過去3年以内に改善命令を受けたことがあること（旧制度の改善命令相当の行政指導を含む）	・改善未実施：－50点 ・改善実施：－30点
	II	直近過去3年以内における失踪がゼロまたは失踪の割合が低いこと（旧制度を含む）	・ゼロ：5点 ・10％未満または1人以下：0点 ・20％未満または2人以下：－5点 ・20％以上または3人以上：－10点
	III	直近過去3年以内に責めによるべき失踪があること（旧制度を含む）	・該当：－50点
	IV	直近過去3年以内に傘下の実習実施者に不正行為があること（監理団体が不正を発見して機構（旧制度では地方入国管理局)に報告した場合を除く）	・計画認定取消し（実習監理する実習実施者の数に対する認定を取り消された実習実施者（旧制度で認定取消し相当の行政指導を受けた者を含む）の数の割合） 15％以上：－10点 10％以上15％未満：－7点 5％以上10％未満：－5点 0％を超え5％未満：－3点 ・改善命令（実習監理する実習実施者の数に対する改善命令を受けた実習実施者（旧制度で改善命令相当の行政指導を受けた者を含む）の数の割合） 15％以上：－5点 10％以上15％未満：－4点 5％以上10％未満：－3点 0％を超え5％未満：－2点

	項目	配点
④相談・支援体制	【最大45点（新配点）】または【最大15点（旧配点）】	
	Ⅰ　機構・監理団体が実施する母国語相談・支援の実施方法・手順を定めたマニュアル等を策定し、関係職員に周知していること	・有：５点
	Ⅱ　技能実習の継続が困難となった技能実習生（他の監理団体傘下の実習実施者で技能実習を行っていた者に限る）に引き続き技能実習を行う機会を与えるための受入れに協力する旨の機構への登録を行っていること	（旧配点） ・有：５点 （新配点） 実習監理を行う実習実施者の数に対する登録した実習実施者の数の割合 　　50％以上：15点 　　50％未満：10点
	Ⅲ　直近過去３年以内に、技能実習の継続が困難となった技能実習生（他の監理団体傘下の実習実施者で技能実習を行っていた者に限る）に引き続き技能実習を行う機会を与えるために、その技能実習生の受入れを行ったこと	（旧配点） ・有：５点 （新配点） 実習監理を行う実習実施者の数に対する受け入れた実習実施者の数の割合 　　50％以上：25点 　　50％未満：15点
	Ⅳ　技能実習生の住環境の向上に向けた取組み （ⅰ）　入国後講習時の宿泊施設 （ⅱ）　実習時の宿泊施設	（旧配点） ・有：（ⅰ）２点／（ⅱ）２点 （新配点） ・有：（ⅰ）５点／（ⅱ）５点
⑤地域社会との共生	【最大10点】	
	Ⅰ　受け入れた技能実習生に対し、日本語の学習の支援を行っている実習実施者を支援していること	・有：４点
	Ⅱ　地域社会との交流を行う機会をアレンジしている実習実施者を支援していること	・有：３点
	Ⅲ　日本の文化を学ぶ機会をアレンジしている実習実施者を支援していること	・有：３点

　なお、Ⅳに関しては、傘下の実習実施者のすべてに対して支援を行うことが求められます。

　また、Ⅴに関しては、フォローアップ調査への協力依頼が仮にその監理団体に届いた際に、適切に協力することを約することを求める趣旨で、対象となる技能実習生への調査表の配布を怠る等、協力が得られていないことが明らかな場合には加点されません。

　Ⅵに関しては、すべての技能実習生のあっせんに際して事前面接を行うことまでが必要

なわけではありませんが、少なくとも年に1回は送出国での事前面接を行っていることが求められます。

　Ⅶに関しては、すべての帰国後の技能実習生に関して就職先を把握していることまでが必要なわけではありませんが、少なくともすべての送出機関と連携して就職先の把握の取組みを行っていることが求められます。

●技能等の修得等に係る実績

　表中の②に関し、監理団体が実習監理を行った技能実習における技能等の修得等に係る実績は、優良な監理団体の要件の評価項目とされています。技能等の修得等を実際に受けさせるのは傘下の実習実施者ですが、監理団体が技能実習を適正に実習監理することが、技能等の修得等に係る実績につながるという考え方によるものです。

　なお、具体的な評価項目の考え方は、第3章第2節優良な実習実施者（技能等の修得等に係る実績、62頁）を参照してください。

●法令違反・問題の発生状況

　表中の③のⅠでは、「改善命令」を受けたことのある者には法令違反の実績があることから、大幅な減点が行われるもので、次のような点に留意することが必要です。なお、改善命令とは、技能実習法に基づき法務大臣および厚生労働大臣が行う改善命令のことです。

　　ア　直近過去3年以内とは、申請時を起点としてさかのぼった3年間を指し、直近3技能実習事業年度ではありません。

　　イ　旧制度の改善命令相当の行政指導とは、次のものを指します。

　　　・地方入国管理局から、いわゆる不正行為の通知を受け、技能実習生の受入れを一定期間認めない旨の指導を受けていたもので、この起算点は、不正行為を行った時点ではなく、不正行為の通知を受け取った日です。

　　　・前記のほか、旧制度の監理団体としての活動に関し、地方入国管理局から個別に旧制度の改善命令相当の行政指導にあたる旨の通知を受けたもので、この起算点は、その通知内に記載されます。

　③のⅡは、失踪がゼロであることを優良な監理団体の要件の加点要素とすることにより、失踪防止に関し積極的な配慮を行う監理団体となることを推奨するもので、次のような点に留意することが必要です。

　　ア　直近過去3年以内とは、③のⅠのアと同じです。

　　イ　次の分子・分母によります。

　　　・分子：過去3年以内の失踪者数

　　　・分母：過去3年以内において新たに受入れを開始した技能実習生の総数

　　ウ　10％未満または1人以下、20％未満または2人以下、20％以上または3人以上の区分については、小規模な監理団体に配慮して失踪者数による評価を可能にしたもの

で、失踪の割合よりも失踪者数により評価したほうが申請者に有利な場合には失踪者数により評価を行うことになります。

③のⅢでは、「責めによるべき失踪」を発生させたことのある者は、技能実習を適正に実施する能力が乏しいと考えられることから、大幅な減点を行うもので、次の点に留意することが必要です。

ア　直近過去3年以内とは、③のⅠのアと同じです。

イ　「責めによるべき失踪」であるか否かは個別具体的な判断となりますが、たとえば、技能実習生に対して劣悪な環境下での業務を強制する、技能実習生に対する暴行等を図る等の事情により失踪が発生したと考えられる場合には、責めによるべき失踪と判断されることになります。

③のⅣは、傘下の実習実施者が不正行為を行った場合には、技能実習を適正に監理できていなかったと考えられることから、その割合に応じて減点を行うもので、次の点に留意することが必要です。

ア　直近過去3年以内とは、③のⅠのアと同じです。

イ　次の分子・分母によります。
　・分子：過去3年以内に技能実習計画の認定の取消しまたは改善命令を受けた傘下の実習実施者の数
　・分母：過去3年以内において実習監理を行った実習実施者の総数

ウ　旧制度の認定取消し相当の行政指導とは、次のものを指します。
　・地方入国管理局から、いわゆる不正行為の通知を受け、技能実習生の受入れを一定期間認めない旨の指導を受けたもので、この起算点は、不正行為を行った時点ではなく、不正行為の通知を受け取った日です。

エ　旧制度の改善命令相当の行政指導とは、ウのほか、次のものを指します。
　・旧制度の実習実施機関としての活動に関し、地方入国管理局から個別に旧制度の改善命令相当の行政指導にあたる旨の通知を受けたもので、この起算点は、その通知内に記載されます。

●相談・支援体制

表中の④のⅠでは、監理団体の技能実習生から相談があった際に、速やかに機構や監理団体で実施している母国語相談の窓口を紹介できるように、その手順をあらかじめ定めて関係職員に周知しておくことを求めるものです。マニュアル等の内容は、その分量にかかわらず、技能実習生から相談を受けた際に適切に対応できるように、母国語相談・支援の実施方法や手順が具体的に記載されたものである必要があります。

④のⅡは、他の実習実施者の事業上・経営上の都合等やむを得ない事情により、技能実習の継続が困難となった技能実習生に引き続き技能実習の機会を与えるため、受入れに協力する旨の機構への登録を現に行っていることを推奨するものです。なお、実習監理を行う実習実施者のうち、機構へ登録した実習実施者の割合が5割以上であるなど、割合に

よって一定の配点が設けられています。令和２（2020）年11月から令和３（2021）年10月までの間は、旧配点と新配点のいずれかを選択することが可能とされていました。

　④のⅢは、受け入れた技能実習生が１名でもいれば、この要件に適合します。また、直近過去３年以内とは、申請時を起点としてさかのぼった３年間を指します。なお、実習監理を行う実習実施者のうち、受け入れた実習実施者の割合が５割以上であるなど、割合によって一定の配点が設けられています。令和２（2020）年11月から令和３（2021）年10月までの間は、旧配点と新配点のいずれかを選択することが可能とされていました。

　④のⅣの「技能実習生の住環境の向上に向けた取組み」については、入国後講習時および実習時の宿泊施設の確保に関し、次の取組みを行っている場合をいいます。

　ア　次のいずれにも該当する入国後講習時の宿泊施設を確保したうえで、受け入れるすべての技能実習生に個室を確保する場合に加点の対象となります。

　　・本人のみが利用する個室（4.5㎡以上）を確保し、その個室が「寝室」（詳細は第３章第２節宿泊施設の確保、57頁参照）の要件を満たすものであること

　　※リビング、ダイニング、バス、トイレ等を共有する寮に居住する場合は、本人のみが利用できる居室が確保されていることが必要。また、入国後講習時の宿泊施設として、実習実施者が確保した宿泊施設を使用（例：監理団体が確保した寮に居住せずに、実習実施者の宿泊施設から入国後講習施設に通勤）する場合には、技能実習生を受け入れるすべての実習実施者について、優良な実習実施者の要件（技能実習生の住環境の向上に向けた取組み）を満たすものであることが必要。

　　・監理責任者の責任のもと、感染病予防対策を徹底していること

　　※毎日の検温（記録を含む）、アルコール消毒液の設置、ダイニングにアクリル板やビニールカーテンの設置など。

　イ　実習時の宿泊施設に関しては、実習実施者等に対して次のいずれかの支援を行い、その実習実施者が優良な実習実施者の要件のうち、「③技能実習生の待遇（Ⅲ技能実習生の住環境の向上に向けた取組み、61頁参照）」の加点対象となった場合に限り、加点の対象となります。

　　・監理団体が確保している物件（本人のみが利用する個室（アに同じ）が確保されているものに限る）を技能実習生の実習中の宿泊施設として実習実施者または技能実習生に貸与していること

　　・本人のみが利用する個室の確保ができる借上物件を探している実習実施者または技能実習生の相談に乗り、条件に見合う宿泊施設を紹介すること（実際に借上げに至った場合に限る）

　　・技能実習生が自らの意思で住居（本人のみが利用できる個室が確保されているものに限る）を選び、自ら貸主と賃貸借契約を締結する場合に連帯保証人となるか、家賃債務保証業者を確保すること

●地域社会との共生

　表中の⑤に関し、技能実習生と地域社会との共生を図る取組みを行うことは、一義的に

は技能実習生に実習を受けさせる実習実施者に求められるものですが、監理団体が技能実習生と地域社会との共生を図る取組みを行っている実習実施者を支援することも重要であるため、優良な監理団体の要件の加点要素とすることで、これを推奨するものです。

　具体的な評価項目の考え方は、優良な実習実施者（第3章第2節地域社会との共生、68頁参照）を参照してください。

▶監理事業を適正に遂行することができる能力

　監理団体は、監理事業を適正に遂行することができる能力を有しなければなりません。技能実習法をはじめ、関係する法令に従って遂行するとともに、監理事業の許可を受けた監理団体は、実習実施者に対する監査や技能実習生の相談支援などを行う必要があることから、特に技能実習生との関係で中立的に運営することが必要です。事業が適正に行えるように必要な体制も整えなければなりません。

●技能実習法等に従って監理事業を遂行

　監理団体は許可を受けた後に、技能実習法に従って、監理事業を適正に遂行できる能力を有し続けなければなりません。

　このため、技能実習法に定める許可の要件を満たすほか、それ以外の監理団体に関わるあらゆる規定を遵守することが求められます。

　特に、次の事項は、監理団体が、技能実習法の関係法令に従って監理事業を遂行するにあたって必要不可欠な事項であるため、許可を受ける段階から、これらの事項について適切に遂行する意思があるかどうか確認することになります。

①　監理費は、適正な種類および額の監理費をあらかじめ用途および金額を明示したうえで徴収すべきこと

②　自己の名義をもって、他人に監理事業を行わせてはならないこと

③　適切な監理責任者を事業所ごとに選任すべきこと

●中立的な事業運営ができる体制確保

　監理団体は、監理事業として実習実施者に対する監査や技能実習生に対する相談支援を行います。したがって、実習実施者との関係は中立的であることが求められます。このための措置として、常勤の監理責任者の責任のもと、業務運営を行うこと（本章第17節、145頁参照）や、外部役員および外部監査の措置を講じることが法律上も求められています（本章第2節外部役員および外部監査、111頁参照）。

　あわせて、監査の際にヒアリングを受けたり、相談する立場にある技能実習生にとって、中立的な事業運営を行っていることが外形的にも確認できる状況にあることも必要です。

　このため、団体監理型技能実習の場合には、監理団体が実習実施者など構成員（組合員等）と運営が混在しているような状況は適切ではなく、監理団体の事業所は、実習実施者の事業所と独立していることが外形上にもわかる形で整備されていることが必要です。た

とえば、実習実施者等の事務所の一部を事業所とすることや、実習実施者等の事務所や作業場所等を通過しなければ事業所に入室できないような場合は、監理団体の事業所が独立しているとは認められません。

●監理事業のための適切な体制確保

監理団体は、技能実習生の相談支援を行う必要があり、その体制が適切に整備されていることが求められます。具体的には、技能実習生がアクセスしやすい場所に事業所を設置することが望まれ、やむを得ず実習先から遠隔地に事業所をおく場合には、電話やメール等で相談ができるような環境を整えるとともに、技能実習生を緊急的に支援する必要がある場合には、速やかに対応できる体制を整えることが重要です。

また、監理事業を適正に遂行する観点から、監理事業を行う事業所について、所在地、構造、設備、面積等が次の要件を満たしていることが求められます。

① 所在地が適切であること

風俗営業や性風俗関連特殊営業等が密集するなど、監理事業の運営に好ましくない場所にないこと。

たとえば、同一の建物内に風俗店が存在している場合は、その建物全体の床面積の過半数を風俗店が占めている等の場合が考えられます。

また、監理事業を行う事業所の建物と風俗店の建物が別である場合であっても、監理事業を行う事業所の建物の両隣が双方ともに建物全体の店舗数の過半数を風俗店が占めている建物である場合には、風俗店が密集している場所とみなされます。

② 事業所として適切であること

プライバシーを保護しつつ、実習実施者等または技能実習生等に対応することが可能であること。

具体的には、個室の設置、パーティション等での区分により、プライバシーを保護しつつ、実習実施者等または技能実習生等に対応することが可能である構造を有することが必要です。

ただし、上記の構造を有することに代えて、次のアまたはイのいずれかによっても、この要件を満たしているものと認められます。

ア 予約制、近隣の貸部屋の確保等により、他の実習実施者等または技能実習生等と同室にならずに、対面で技能実習に関する職業紹介を行うことができるような措置を講じていること

イ 事業所の面積がおおむね20㎡以上であること

監理事業を行う事業所の名称（愛称等も含む）が、利用者に機構その他公的機関と誤認させるものでないこと。

事業所は、団体監理型実習実施者等が所有する建物等に設置しないこと。

なお、団体監理型実習実施者等が所有する建物等にやむを得ず事業所を設置する場合には、適切な賃貸契約を締結するとともに、その実習実施者等に対する監理事業（技能

実習生のあっせんを含む）について、別の監理団体で行うことが適切です。また、同じ建物内に設置する場合は、入り口を実習実施者等の事務所とは別にする、実習実施者等の事務所とは施錠可能な扉や壁で区切るなど、独立した構造である必要があります。

●適正な事業運営

監理団体は、その存立目的、形態、規約等から認められる範囲で監理事業を行うものであることが求められます。

このため、技能実習法の次の各条文の内容を含む業務の運営に関する規程を作成し、これに従って適正に運営されることが必要です。最低限盛り込む事項を示した規程の例は、次の規程例（124〜128頁参照）のとおりです。なお、この規程は、個人情報の適正管理および秘密の保持に関する規程と一体のものとして差し支えありません。

目的（第1条）、基本理念（第3条）、監理団体等の責務（第5条）、職業安定法の特例等（注）（第27条）、監理費（第28条）、名義貸しの禁止（第38条）、認定計画に従った実習監理等（第39条）、監理責任者の設置等（第40条）、監査報告等（第42条）および個人情報の取扱い（第43条）

　（注）読替え後の職業安定法上の労働条件等の明示（第5条の3）、求人の申込み（第5条の5）、求職の申込み（第5条の6）、求職者の能力に適合する職業の紹介等（第5条の7）、取扱職種の範囲等の届出等（第32条の12）および労働争議に対する不介入（第20条）が該当する。

団体監理型技能実習の申込みの取次ぎを受けようとする場合には、次の要件を満たすものであることが必要です。

① 申請または届出を行った外国の送出機関のみを利用し、それ以外を利用するものではないこと

② 申請または届出を行った国または地域の技能実習生になろうとする者からの求職の申込みの取次ぎのみを受けることとし、それ以外の国または地域を取り扱うものではないこと

③ わが国の出入国または労働に関する法令はもとより、送出国の出入国または労働に関する法令を遵守して活動するものであること

④ 技能実習生等に対して渡航費用その他の費用を貸し付け、または実習実施者等がそれらの費用を貸し付けた技能実習生等に対して、雇用関係の成立のあっせんを行うものでないこと

監理団体の業務の運営に関する規程例

事業所名　　○○○○

第1　目的

　　この規程は、外国人の技能実習の適正な実施および技能実習生の保護に関する法律およびその関係法令（以下「技能実習関係法令」という）に基づいて、本事業所において監理事業を行うにあたって必要な事項について、規程として定めるものです。

第2　求人

　1　本事業所は、（取扱職種の範囲等）の技能実習に関するものに限り、いかなる求人の申込みについてもこれを受理します。

　　　ただし、その申込みの内容が法令に違反する場合、その申込みの内容である賃金、労働時間その他の労働条件が通常の労働条件と比べて著しく不適当であると認める場合、または団体監理型実習実施者等が労働条件等の明示をしない場合は、その申込みを受理しません。

　2　求人の申込みは、団体監理型実習実施者等（団体監理型実習実施者または団体監理型実習実施者になろうとする者をいう。以下同じ）またはその代理人の方が直接来所されて、所定の求人票によりお申込みください。なお、直接来所できないときは、郵便、電話、ファックスまたは電子メールでも差し支えありません。

　3　求人申込みの際には、業務の内容、賃金、労働時間その他の労働条件をあらかじめ書面の交付または電子メールの使用により明示してください。ただし、紹介の実施について緊急の必要があるため、あらかじめ書面の交付または電子メールの使用による明示ができないときは、その明示すべき事項をあらかじめこれらの方法以外の方法により明示してください。

　4　求人受付の際には、監理費（職業紹介費）を、別表の監理費表に基づき申し受けます。いったん申し受けました手数料は、紹介の成否にかかわらずお返しいたしません。

第3　求職

　1　本事業所は、（取扱職種の範囲等）の技能実習に関するものに限り、いかなる求職の申込みについてもこれを受理します。

　　　ただし、その申込みの内容が法令に違反するときは、これを受理しません。

　2　求職申込みは、団体監理型技能実習生等（団体監理型技能実習生または団体監理型技能実習生になろうとする者をいう。以下同じ）またはその代理人（外国の送出機関から求職の申込みの取次ぎを受けるときは、外国の送出機関）から、所定の求人票に

よりお申込みください。郵便、電話、ファックスまたは電子メールで差し支えありません。

第4　技能実習に関する職業紹介

1　団体監理型技能実習生等の方には、職業安定法第2条にも規定される職業選択の自由の趣旨を踏まえ、そのご希望と能力に応ずる職業に速やかに就くことができるよう極力お世話いたします。

2　団体監理型実習実施者等の方には、そのご希望に適合する団体監理型技能実習生等を極力お世話いたします。

3　技能実習職業紹介に際しては、団体監理型技能実習生等の方に、技能実習に関する職業紹介において、従事することとなる業務の内容、賃金、労働時間その他の労働条件をあらかじめ書面の交付または希望される場合には電子メールの使用により明示します。ただし、技能実習に関する職業紹介の実施について緊急の必要があるためあらかじめ書面の交付または電子メールの使用による明示ができないときは、あらかじめそれらの方法以外の方法により明示します。

4　団体監理型技能実習生等の方を団体監理型実習実施者等に紹介する場合には、紹介状を発行します。その紹介状を持参して団体監理型実習実施者等との面接を行っていただきます。

5　いったん求人、求職の申込みを受けた以上、責任をもって技能実習に関する職業紹介の労をとります。

6　本事業所は、労働争議に対する中立の立場をとるため、同盟罷業または作業閉鎖が行われている間は団体監理型実習実施者等に、技能実習に関する職業紹介をいたしません。

7　就職が決定しましたら求人された方から監理費（職業紹介費）を、別表の監理費表に基づき申し受けます。

第5　団体監理型技能実習の実施に関する監理

1　団体監理型実習実施者が認定計画に従って技能実習を行わせているか等、監理責任者の指揮のもと、則第52条第1号イからホまでに定める方法（団体監理型技能実習生が従事する業務の性質上その方法によることが著しく困難な場合にあっては、他の適切な方法）によって3か月に1回以上の頻度で監査を行うほか、実習認定の取消し事由に該当する疑いがあると認めたときは、直ちに監査を行います。

2　第1号団体監理型技能実習に係る実習監理にあっては、監理責任者の指揮のもと、1か月に1回以上の頻度で、団体監理型実習実施者が認定計画に従って団体監理型技能実習を行わせているかについて実地による確認（団体監理型技能実習生が従事する業務の性質上その方法によることが著しく困難な場合にあっては、他の適切な方法による確認）を行うとともに、団体監理型実習実施者に対し必要な指導を行います。

3　技能実習を労働力の需給の調整の手段と誤認させるような方法で、団体監理型実習実施者等の勧誘または監理事業の紹介をしません。

4　第 1 号団体監理型技能実習にあっては、認定計画に従って入国後講習を実施し、かつ入国後講習の期間中は、団体監理型技能実習生を業務に従事させません。

5　技能実習計画作成の指導にあたって、団体監理型技能実習を行わせる事業所および団体監理型技能実習生の宿泊施設を実地に確認するほか、則第 52 条第 8 号イからハに規定する観点から指導を行います。

6　技能実習生の帰国旅費（第 3 号技能実習の開始前の一時帰国を含む）を負担するとともに技能実習生が円滑に帰国できるよう必要な措置を講じます。

7　団体監理型技能実習生との間で認定計画と反する内容の取決めをしません。

8　実習監理を行っている団体監理型技能実習生からの相談に適切に応じるとともに、団体監理型実習実施者および団体監理型技能実習生への助言、指導その他の必要な措置を講じます。

9　本事業所内に監理団体の許可証を備え付けるとともに、本事業所内の一般の閲覧に便利な場所に、本規程を掲示します。

10　技能実習の実施が困難となった場合には、技能実習生が引き続き技能実習を行うことを希望するものが技能実習を行うことができるよう、他の監理団体等との連絡調整等を行います。

11　上記のほか、技能実習関係法令に従って業務を実施します。

第 6　監理責任者

1　本事業所の監理責任者は、○○○○○○○○です。

2　監理責任者は、以下に関する事項を統括管理します。

　(1)　団体監理型技能実習生の受入れの準備

　(2)　団体監理型技能実習生の技能等の修得等に関する団体監理型実習実施者への指導および助言並びに団体監理型実習実施者との連絡調整

　(3)　団体監理型技能実習生の保護

　(4)　団体監理型実習実施者等および団体監理型技能実習生等の個人情報の管理

　(5)　団体監理型技能実習生の労働条件、産業安全および労働衛生に関し、技能実習責任者との連絡調整に関すること

　(6)　国および地方公共団体の機関、機構その他関係機関との連絡調整

第 7　監理費の徴収

1　監理費は、団体監理型実習実施者等へあらかじめ用途および金額を明示したうえで徴収します。

2　監理費（職業紹介費）は、団体監理型実習実施者等から求人の申込みを受理した時

以降にその団体監理型実習実施者等から、別表の監理費表に基づき申し受けます。

その額は、団体監理型実習実施者等と団体監理型技能実習生等との間における雇用関係の成立のあっせんに係る事務に要する費用（募集および選抜に要する人件費、交通費、外国の送出機関へ支払う費用その他の実費に限る）の額を超えない額とします。

3　監理費（講習費）は、入国前講習に要する費用にあっては入国前講習の開始日以降に、入国後講習に要する費用にあっては入国後講習の開始日以降に、団体監理型実習実施者等から、別表の監理費表に基づき申し受けます。

その額は、監理団体が実施する入国前講習および入国後講習に要する費用（監理団体が支出する施設使用料、講師および通訳人への謝金、教材費、第1号団体監理型技能実習生に支給する手当その他の実費に限る）の額を超えない額とします。

4　監理費（監査指導費）は、団体監理型技能実習生が団体監理型実習実施者の事業所において業務に従事し始めた時以降一定期間ごとにその団体監理型実習実施者から、別表の監理費表に基づき申し受けます。

その額は、団体監理型技能実習の実施に関する監理に要する費用（団体監理型実習実施者に対する監査および指導に要する人件費、交通費その他の実費に限る）の額を超えない額とします。

5　監理費（その他諸経費）は、その費用が必要となった時以降に団体監理型実習実施者等から、別表の監理費表に基づき申し受けます。

その額は、その他技能実習の適正な実施および技能実習生の保護に資する費用（実費に限る）の額を超えない額とします。

第8　その他

1　本事業所は、国および地方公共団体の機関であって技能実習に関する事務を所掌するもの、外国人技能実習機構その他関係機関と連携を図りつつ、その事業に係る団体監理型実習実施者等または団体監理型技能実習生等からの苦情があった場合には、迅速に、適切に対応いたします。

2　雇用関係が成立しましたら、団体監理型実習実施者等、団体監理型技能実習生等の両方から本事業所に対して、その報告をしてください。また、技能実習に関する職業紹介されたにもかかわらず、雇用関係が成立しなかったときにも同様に報告をしてください。

3　本事業所は、団体監理型技能実習生等の方または団体監理型実習実施者等から知り得た個人的な情報は個人情報適正管理規程に基づき、適正に取り扱います。

4　本事業所は、団体監理型技能実習生等または団体監理型実習実施者等に対し、その申込みの受理、面接、指導、技能実習に関する職業紹介等の業務について、人種、国籍、信条、性別、社会的身分、門地、従前の職業、労働組合の組合員であること等を理由として差別的な取扱いは一切いたしません。

5　本事業所の取扱職種の範囲等は、○○○○○○○です。

6　本事業所の業務の運営に関する規程は、以上のとおりですが、本事業所の業務は、すべて技能実習関係法令に基づいて運営されますので、ご不審の点は係員に詳しくお尋ねください。

第3節　許可の欠格事由（技能実習法第26条）

> **ポイント** 技能実習法を遵守することが期待できない者が監理事業を行うことがないように、監理団体の許可には欠格事由が設けられており、次のいずれかに該当する者は、監理団体の許可を受けることができません。

▶関係法律による刑罰を受けたことによる欠格事由

次のいずれかに該当する場合が想定されています。

① 技能実習法その他出入国または労働に関する法律に違反し、罰金刑に処せられた者がある場合

② 社会保険各法および労働保険各法において事業主としての義務に違反し、罰金刑に処せられた者がある場合

③ 役員のうちに禁錮以上の刑に処せられた者がある場合

④ 役員のうちに暴力団関係法、刑法等に違反し、罰金刑に処せられた者がある場合

これらのいずれも、刑に処せられ、その執行が終わり、または執行を受けることがなくなった日から5年を経過しない者がその対象となります。

②に関しては、対象となる法律は、具体的には、健康保険法、船員保険法、労働者災害補償保険法、厚生年金保険法、労働保険の保険料の徴収等に関する法律、雇用保険法、労働基準法、船員法、職業安定法、最低賃金法、労働施策総合推進法、賃金の支払の確保等に関する法律、労働者派遣法、港湾労働法、育児・介護休業法その他の法律です。

▶技能実習法による処分等を受けたこと等による欠格事由

次のいずれかに該当する者が想定されています。

① 監理団体の許可を取り消された日から5年を経過しない者（取り消された者の役員であった者を含む）等

② 出入国または労働に関する法令に関し不正または著しく不当な行為をした者

出入国または労働に関する法令に関し不正または著しく不当な行為をした者については、次に規定するもののほか、個別具体的な事案の重大性に応じて該当性が判断されることとなります。

① 出入国に関する法令に関し不正または著しく不当な行為

・技能実習法施行前の技能実習における「不正行為」として、技能実習の適正な実施を妨げるものと認められる旨の通知を受けている者（不正行為が終了した日後、法務省令に規定されていた受入れ停止期間が経過していないものに限る）

　なお、申請者が法人である場合には、その法人の役員が、法施行前の技能実習における不正行為として、技能実習の適正な実施を妨げるものと認められる旨の通知を受けている監理団体または実習実施機関の法人の役員（その不正行為があった期間また

は時点の役員である場合に限る）も含みます。
- ・入管法に規定する行為（不法就労助長行為）に及んだ者
- ・事業活動に関し、外国人に不正に入管法に規定する行為（偽変造文書行使等）に及んだ者

② 労働に関する法令に関し不正または著しく不当な行為をした者
- ・労働基準関係法令で送検され、かつ刑罰（罰金刑は除く）が確定された者

　なお、申請の日前5年以内に該当するか否かは、その刑罰に係る行為時で判断することとされ、刑罰の対象となった違反が技能実習生に係る違反か否かにはよりません。

　また、労働基準関係法令には、労働基準法、最低賃金法、労働安全衛生法などがあります。

③ 技能実習法令に関し不正または著しく不当な行為をした者
- ・監理事業に関し手数料等を受け取る、他人に監理事業を行わせるなどの技能実習法令違反の態様が重大悪質と認められる者

▶申請者等の行為能力・役員等の適格性の観点からの欠格事由

申請者等の役員のうちに次のいずれかに該当する者がある場合になります。

① 技能実習に関する業務を適正に行うことができない者（精神の機能の障害により、技能実習に関する業務を適正に行うにあたって必要な認知、判断および意思疎通を適切に行うことができない者）

② 行為能力に制限がある者（破産手続開始の決定を受けて復権を得ない者）

③ 未成年の法定代理人で欠格事由に該当する者

▶暴力団排除の観点からの欠格事由

次のいずれかに該当する者が想定されています。

① 暴力団員等（暴力団員または暴力団員でなくなった日から5年を経過しない者）

② 暴力団員等がその事業活動を支配する者

③ 暴力団員等をその業務に従事させ、またはその業務の補助者として使用するおそれのある者

第4節　職業安定法の特例等（技能実習法第27条）

ポイント　監理団体は、主務大臣（法務大臣および厚生労働大臣）から監理団体としての許可を受ければ、技能実習に限って職業紹介事業を行うことができます。職業安定法で職業紹介事業者に求められる労働条件等の明示など、適正な職業紹介のための取組みは、監理団体に対しても同様に求められます。

　技能実習法は、技能実習生の職業紹介からその後の技能実習の監理まで一貫して同一の団体において行うことが望ましいとの観点から、実習実施者等と技能実習生等との間における雇用関係の成立のあっせんと、実習実施者に対する技能実習の実施に関する監理を一貫して業として行う事業を監理事業として定義し、監理団体の許可制にしています。

　このため、監理団体は、主務大臣（法務大臣および厚生労働大臣）から監理団体としての許可を受けなければ、監理事業を行うことができないとされ、職業安定法上の許可を受けたり届出をしただけでは、技能実習に関する雇用関係の成立のあっせんを行うことはできません。

　技能実習生を受け入れようとする場合には、監理団体の許可を受けた後、実習実施者等と技能実習生等との間における雇用関係の成立のあっせんを行うようにする必要があります。

　また、監理団体の許可を受けていたとしても、職業安定法上の許可を受けまたは届出を行っていない場合には、技能実習関係以外の日本人等の雇用関係の成立のあっせんを行うことはできません。

　技能実習法に基づく監理団体の許可を受けた場合には、法律上、技能実習に関する雇用関係の成立のあっせんは、職業安定法上の許可を受けまたは届出をしなくとも実施可能となります。また、技能実習法の施行前に、技能実習に関する雇用関係の成立のあっせんのみを目的に、職業安定法上の許可を受けまたは届出をしている場合は、職業安定法上の許可または届出については、日本人の職業紹介を別途行うといった事情が特段ない場合には、職業安定法上の規定に基づき、廃止届出を提出することが可能となります。なお、廃止届出をしない場合には、職業安定法により職業紹介事業者に対して課されている義務（例：事業報告書の提出）が、引き続き課されることになります。

　監理団体および団体監理型技能実習実施者等は、技能実習法の規定により読み替えて適用する職業安定法の規定に基づき、

・労働条件等の明示
・取扱職種の範囲等の届出等
・取扱職種の範囲等の明示等
・職業紹介事業者の責務

等に関して適切に対応する必要があります。

第5節　監理費（技能実習法第28条）

ポイント　監理団体は、監理事業に通常要する経費等を勘案して省令で定められた適正な種類および額の監理費を、実習実施者等へあらかじめ用途および金額を明示したうえで徴収することができます。それ以外の場合には、いかなる名義でも手数料または報酬を徴収することができません。技能実習生等に対しては、直接的または間接的にも負担を求めることはできません。また、事業所

について無償または安価に提供を受けるなど、金銭以外の手段により便宜を受けることは認められていません。

　監理費の種類は、省令によって職業紹介費、講習費、監査指導費、その他諸経費に区分されており、それぞれ省令で定める額および徴収方法の監査費が認められています。

　職業紹介費は、実習実施者等と技能実習生等との間における雇用関係の成立のあっせんに係る事務に要する費用とされており、これに含まれる費用としては、たとえば次のものが挙げられます。

① 　募集および選抜に要する人件費、交通費
　・送出機関との連絡・協議に要する費用
　・実習実施者との連絡・協議に要する費用
② 　外国の送出機関へ支払う費用
　・外国の送出機関が技能実習生を監理団体に取り次ぐにあたって要する費用（人件費、事務諸経費、送出管理費等）
　・実習実施者と技能実習生の雇用契約の成立に資する目的で、取り次ぐ前に送出機関が行った入国前講習に該当しない日本語学習・日本在留のための生活指導等の事前講習に要する費用
　・実習実施者と技能実習生の雇用契約の成立に資する目的で、取り次ぐ前に送出機関が行った技能実習生の健康診断の費用

　なお、外国の送出機関が監理団体への取次ぎを行うに際して、外国において技能実習生から手数料を徴収することもあり得ますが、一般論としてこういった手数料はあっせんに係るものには該当せず、職業紹介費に含まれるものではありません。

　講習費は、入国前講習および入国後講習に要する費用が該当します。講習費に含まれる費用としては、たとえば、監理団体が支出する施設使用料、講師および通訳人への謝金、教材費、講習手当、入国前講習委託費等が挙げられます。

　監査指導費は、実習実施者に対する監査および指導に要する人件費、交通費等の費用が該当します。

　その他諸経費は、前記の職業紹介費、講習費および監査指導費に含まれない、技能実習の適正な実施および技能実習生の保護に関する費用であり、たとえば次のものが挙げられます。
　・技能実習生の渡航および帰国に要する費用（帰国するまでの間の生活支援に要する費用を含む）
　・実習実施者および技能実習生に対する相談、支援に要する費用（送出機関がわが国に職員を派遣するなどして、技能実習生からの相談対応や支援等を行う場合、技能実習生が事故に遭った場合の対応に要する費用を含む）
　・実習実施者の倒産等により技能実習が継続できなくなった場合の対応に要する費用
　・その他職業紹介費、講習費および監査指導費に含まれない費用のうち、監理事業の実施に要する費用（人件費、事務諸経費、会議等の管理的費用等）

　監理団体は、実習実施者から監理費を徴収した場合には、その収支を明らかにするために監理費管理簿（参考様式第4－5号）を監理事業を行う事業所ごとに作成し、それぞれの事務所に備えおかなければなりません。

　なお、送出機関へ支払う費用について、監理費はあらかじめ用途および金額を明示して徴収したものであることから、いったん徴収した送出管理費は全額を送出機関に支払う必要があり、技能実習生の途中帰国や失踪等を理由に減額して支払うことはできません。

　監理費管理簿は、監理費の徴収・支出・設定の適正性を担保するために作成が義務づけられているものであり、会計帳簿の作成をもって監理費管理簿の作成を省略することはできません。なお、監理費管理簿には、監理費の区分を明記して記載する必要があります。また、人件費・交通費など、1回の支出に関係する実習実施者が複数にわたり明らかでないときには、実習実施者の記載を省略することができます。

第6節　許可証（技能実習法第29条）

> **ポイント▶** 主務大臣（法務大臣および厚生労働大臣）より監理団体としての許可を受けると、監理事業を行う事業所の数と同じ枚数の許可証が発行され、監理団体に交付されます。許可証の交付を受けた監理団体は、事業所ごとに許可証を備え付け、関係者から請求があればいつでも提示できるようにしておかなければなりません。

　監理団体は許可を主務大臣（法務大臣および厚生労働大臣）から受けた後に、許可の取消しや事業所の廃止など許可証の返納事由が生じた場合や、許可証の交付を受けた者が合併により消滅した場合には、10日以内に、監理事業を行うすべての事業所に係る許可証を機構の本部事務所の審査課に返納しなければなりません。

第7節　許可の条件（技能実習法第30条）

　監理団体の許可には条件が付されることがあります。付される条件の具体例には、たとえば次のものが挙げられます。

① 　取扱職種の範囲等に関するもの

　　実習監理をする団体監理型技能実習の取扱職種は、適切かつ効果的に技能等の修得等をさせる観点から、指導を担当する技能実習計画の作成指導者が在籍する職種の範囲に限られます。すなわち、技能実習計画の作成指導者として、技能実習生に修得等をさせようとする技能等について、一定の経験や知識がある者が在籍していなければなりません。また、監理団体は、その法人形態によって実習監理を受ける団体監理型実習実施者が、監理団体の組合員や会員等である場合に限っているものがあり、取扱職種を営む実

習実施者が監理団体に加入することができるように、法人の定款で明らかにしておく必要があります。

② 特定の職種および作業に関するもの

主務大臣である法務大臣および厚生労働大臣が、特定の職種および作業として指定しているものについて、事業所管大臣が告示をもって監理団体の法人、業務の実施に関する基準等を定めている場合には、その告示に定める基準を満たしていることを主務大臣が確認したうえで実習監理を行わせることになります。

③ 受け入れる技能実習生の国籍（国または地域）に関するもの

実習監理をする団体監理型技能実習生の国籍は、相談体制が構築された国籍の範囲に限られます。そして、監理団体が受け入れている技能実習生の国籍に応じた相談応需体制を整備しなければなりません。

たとえば、技能実習生の受入れ期間中に優良な監理団体の要件を満たさなくなった監理団体に対して、一般監理事業から特定監理事業への許可の職権変更を行うまでの一時的措置として、第3号技能実習の実習監理は、すでに実習監理を開始している技能実習に限られ、新たな第3号技能実習の実習監理は認められません。また、新たな技能実習の実習監理の場合、技能実習生の受入れ人数枠は、優良な実習実施者でない場合の規定が適用されるといった旨の条件を事後的に付すことも想定されています。

監理団体の許可に条件が付される場合には、監理団体許可証にその内容が記載されます。記載事項が長文になる場合には、別紙により条件が指定されることもあります。なお、監理団体は、許可に条件が付された後に、条件が付された理由が解消された場合には、その条件の変更を機構に申し出ることができます。

第8節　許可の有効期間等（技能実習法第31条）

監理団体の許可の有効期間は、監理事業の実施に関する能力および実績を勘案して次の表のとおり定められています。

	①初回	②更新（優れた能力および実績を有する場合）	③更新（②以外の場合）
一般監理事業	5年	7年	5年
特定監理事業	3年	5年	3年

許可の有効期間の満了後、引き続きその許可に係る監理事業を行おうとする場合は、有効期間が満了する日の3か月前までに、監理団体許可有効期間更新申請書（省令様式第11号）を、機構の本部事務所の審査課に提出しなければなりません。

監理団体許可有効期間更新申請書は、申請に際して、正本1通および副本2通を提出する必要があります。また、申請に際しては、許可基準を満たしていることを証明する書類その他必要な書類を提出しなければならず、申請書の添付書類については、申請書の正本1通お

よび副本1通に添付することが必要です。

　申請者は、許可の有効期間の更新手数料として、国には申請手数料を収入印紙により、機構には調査手数料を口座振込みにより、それぞれ納付しなければならず、更新手数料は次のとおりです。

国（申請手数料）	900円×事業所数
機構（調査手数料）	17,100円×事業所数

第9節　変更の許可等（技能実習法第32条）

▶変更の許可に関する事項

> **ポイント**　事業の区分を変更しようとする監理団体は、事業区分変更許可申請書および許可証書換申請書（省令様式第16号）を機構の本部事務所の審査課に提出し、事業区分の変更の許可を受けなければなりません。
> 　事業の区分の変更には次の2つの場合が想定されています。1つは、特定監理事業の許可を受けた監理団体が、優良な監理団体の要件を満たしたとして事業区分を一般監理事業に変更しようとする場合、もう1つは、一般監理事業の許可を受けた監理団体が、優良な監理団体の要件を満たさなくなったとして事業区分を特定監理事業に変更しようとする場合です。

　事業の区分の変更許可申請に際しては、許可基準を満たしていることを証明する書類その他必要な書類を提出しなければなりません。事業区分変更許可申請書および許可証書換申請書は、正本1通および副本2通を提出する必要があります。

　また、監理事業計画書（省令様式第12号）については、監理事業を行う事業所ごとに提出が必要であり、事業所が複数ある場合には、その事業所の数だけ作成して提出しなければなりません。申請書の添付資料については、申請書の正本1通および副本1通に添付することが必要です。

　一般監理事業への事業の区分の変更許可申請に際しては、申請者は監理団体の事業区分の変更許可手数料として、国には申請手数料を収入印紙により、機構には調査手数料を口座振込みにより、それぞれ納付しなければならず、許可手数料は次のとおりです。

国 （申請手数料）	基本額	1件につき2,500円
	加算額	事業所が2以上の場合：900円×（事業所数－1）
機構 （調査手数料）	基本額	1件につき47,500円
	加算額	事業所が2以上の場合：17,100円×（事業所数－1）

　また、一般監理事業への事業の区分の変更に係るものである場合には、許可1件につき登

録免許税を15,000円納付することが必要です（登録免許税法別表第1第63号）。

▶変更の届出に関する事項

> **ポイント** 監理団体は、申請書の記載事項（事業の区分を除く）に掲げる事項に変更があったときは、変更届出書（省令様式第17号）を機構の本部事務所の審査課に提出しなければなりません。また、届出事項が監理団体の許可証の記載事項に該当する場合は、変更届出書および許可証書換申請書（省令様式第17号）を機構の本部事務所の審査課に提出しなければなりません。

　変更内容ごとの対応については、下の表のとおりです。

　変更届出をしようとする場合、変更の日から1か月以内に届出を行うことが必要です。なお、変更届出を受理した後に、機構が監理団体の許可の各要件に適合しないものであることを確認した場合、その変更を是正するよう指導されることになります。そして、指導を受けた監理団体はその指導に従うことが必要で、指導に従わない場合、監理団体の許可の取消し、改善命令等の対応につながることになります。

　また、届出事項が監理団体の許可証の記載事項に該当する場合には、変更届出書および許可証書換申請書の申請に際して、正本1通および副本2通を提出する必要があり、申請書の添付資料については、申請書の正本1通および副本1通に添付することが必要です。

●監理団体の変更届出

	申請書記載事項	届出の要否	添付資料	特記事項
1	監理団体の名称	○	・登記事項証明書	・変更届出と同時に許可証の書換申請も必要。
2	監理団体の住所	○	・登記事項証明書【たんに市町村合併や住居番号の変更による場合】・住所（所在地）表示変更証明書	・変更届出と同時に許可証の書換申請も必要。・電話番号の変更を含む。
3	監理団体の代表者の氏名	○	【新たに就任する場合】・登記事項証明書・住民票の写し・履歴書・総会の議事録等【婚姻等により氏名のみに変更があった場合】・登記事項証明書	・住民票の写しは、マイナンバーの記載がないもの。また、日本人の場合は、本籍地の記載があるもの。外国人（特別永住者を除く）の場合は、国籍等、在留資格、在留期間、在留期間の満了の日、在留カード番号の記載があるもの。特別永住者の場合は、特別永住者である旨、特別永住者証明書番号の記載があるもの。

	申請書記載事項	届出の要否	添付資料	特記事項
4	監理団体の役員の氏名	○	【新たに選任する場合】 ・登記事項証明書 ・住民票の写し ・選任された役員の履歴書 ・総会の議事録等 【婚姻等により氏名のみに変更があった場合】 ・登記事項証明書	・住民票の写しは、マイナンバーの記載がないもの。また、日本人の場合は、本籍地の記載があるもの。外国人（特別永住者を除く）の場合は、国籍等、在留資格、在留期間、在留期間の満了の日、在留カード番号の記載があるもの。特別永住者の場合は、特別永住者である旨、特別永住者証明書番号の記載があるもの。 ・役員が辞職等により欠員となった場合も届出が必要。
5	監理団体の役員の住所	○	・登記事項証明書（代表者を除く役員の変更の場合は不要） ・住民票の写し	・住民票の写しは、マイナンバーの記載がないもの。また、日本人の場合は、本籍地の記載があるもの。外国人（特別永住者を除く）の場合は、国籍等、在留資格、在留期間、在留期間の満了の日、在留カード番号の記載があるもの。特別永住者の場合は、特別永住者である旨、特別永住者証明書番号の記載があるもの。
6	監理団体の責任役員の氏名	○		
7	外部監査人の氏名または名称 （外部監査の措置を講じる場合）	○	【新たに選任する場合】 ・外部監査人の概要書 ・外部監査人の就任承諾書および誓約書の写し ・監理責任者講習受講証明書（受講日が届出日前3年以内のもの）	
8	指定外部役員の氏名（外部監査の措置を講じない場合）	○	【新たに選任する場合】 ・指定外部役員の就任承諾書および誓約書の写し ・監理責任者講習受講証明書（受講日が届出日前3年以内のもの）	
9	監理団体の法人の種類	○	・登記事項証明書	・変更届出と同時に許可証の書換申請も必要。 ・一般社団法人または一般財団法人が公益法人となる場合には届出が必要。その他の場合にあっては機構に相談が必要。

	申請書記載事項	届出の要否	添付資料	特記事項
10	団体監理型技能実習の取扱職種の範囲等 （法務大臣および厚生労働大臣が告示で定める特定の職種および作業に係るものを除く）	○	【職種を追加する場合】 ・定款 ・計画作成指導者の履歴書	
11	団体監理型技能実習の取扱職種の範囲等 （法務大臣および厚生労働大臣が告示で定める特定の職種および作業を追加または削除する場合）	○	【職種を追加する場合】 ・定款 ・計画作成指導者の履歴書 ※職種により、技能検定の合格証や各資格の登録証の写し、監理事業計画書等	・特定の職種および作業を新たに追加する場合または特定の職種および作業に係る事業所管大臣が告示をもって定める監理団体の法人、業務の実施に関する基準等を満たさなくなった場合は、監理団体許可条件の変更の申出が必要。 ・特定の職種および作業を追加する場合は、上記基準を満たすことを証する資料の提出も必要。
12	監理事業を行う事業所の名称	○	【新規事業所開設の場合】 ・事業計画書 ・業務運営規程の写し ・個人情報適正管理規程の写し ・最近の事業年度における貸借対照表および損益計算書（納税地の所轄税務署長に提出したもの） ・最近の事業年度における法人税の確定申告書⑨の写し（納税地の所轄税務署の受理印のあるものに限る。法人税法施行規則別表1および4は、必ず提出すること） ・納税証明書（国税通則法施行令第41条第1項第3号ロに係る同施行規則別表第8号様式（その2）による法人の最近の事業年度における所得金額に関するもの） ・新設する事業所の使用権を証する書類（不動産の登記事項証明書または不動産賃貸借（使用貸借）契約書の写し） ・監理責任者の住民票の写し ・監理責任者の履歴書 ・監理責任者の就任承諾書および誓約書の写し	・変更届出と同時に許可証の書換申請も必要。 ・住民票の写しは、マイナンバーの記載がないもの。また、日本人の場合は、本籍地の記載があるもの。外国人（特別永住者を除く）の場合は、国籍等、在留資格、在留期間、在留期間の満了の日、在留カード番号の記載があるもの。特別永住者の場合は、特別永住者である旨、特別永住者証明書番号の記載があるもの。 ・監理責任者に関する書類は、その監理団体の他の事業所において監理責任者として選任していた者を他の事業所に変更して選任するときは、就任承諾書および誓約書の写しを除き、提出不要。

	申請書記載事項	届出の要否	添付資料	特記事項
			・監理責任者講習受講証明書（受講日が届出日前3年以内のもの） 【事業所の名称のみを変更する場合】 ・登記事項証明書（事業所の名称の変更に伴い変更が加えられた場合に限る）	
13	監理事業を行う事業所の所在地	○	・登記事項証明書（事業所の所在地の変更に伴い変更が加えられた場合に限る）	・変更届出と同時に許可証の書換申請も必要。
14	監理責任者の氏名	○	【新たに選任する場合】 ・住民票の写し ・健康保険証等の被保険者証の写し（保険者番号および被保険者等記号・番号をマスキングしたもの） ・履歴書 ・就任承諾書および誓約書の写し ・監理責任者講習受講証明書（受講日が届出日前3年以内のもの） 【婚姻等により変更があった場合】 ・住民票の写し	・住民票の写しは、マイナンバーの記載がないもの。また、日本人の場合は、本籍地の記載があるもの。外国人（特別永住者を除く）の場合は、国籍等、在留資格、在留期間、在留期間の満了の日、在留カード番号の記載があるもの。特別永住者の場合は、特別永住者である旨、特別永住者証明書番号の記載があるもの。 ・その監理団体の他の事業所において監理責任者として選任していた者を他の事業所に変更して選任するときは、就任承諾書および誓約書の写しを除き、提出不要。
15	監理責任者の住所	○	・住民票の写し	・マイナンバーの記載がないもの。また、日本人の場合は、本籍地の記載があるもの。外国人（特別永住者を除く）の場合は、国籍等、在留資格、在留期間、在留期間の満了の日、在留カード番号の記載があるもの。特別永住者の場合は、特別永住者である旨、特別永住者証明書番号の記載があるもの。
16	外国の送出機関の氏名または名称	○	【外国の送出機関の変更（交代または追加）の場合】 ・外国の送出機関の概要書 ・監理団体との間に締結された団体監理型技能実習の申込みの取次ぎを受けることに係る契約書の写し ・団体監理型技能実習生から徴収す	・（※）の書類については、外国の送出機関が外国政府認定送出機関である場合にあっては提出不要。

	申請書記載事項	届出の要否	添付資料	特記事項
			る費用の名目および額または算出方法を記載した書類（※） ・団体監理型技能実習に係る誓約書および外国の国または地域の公的機関からの推薦状（※） ・申請者の概要書（新たな国または地域から技能実習生の送出しを受ける場合） 【外国の送出機関の氏名または名称の変更の場合】 ・氏名または名称が変更されたことを明らかにする書類（※）	
17	外国の送出機関の住所	○	・外国の送出機関の概要書	・外国の送出機関が外国政府認定送出機関である場合にあっては届出不要。
18	外国の送出機関の代表者の氏名（法人の場合のみ）	○	・外国の送出機関の概要書	・外国の送出機関が外国政府認定送出機関である場合にあっては届出不要。
19	技能実習の申込みを受ける方法の概要（外国の送出機関の取次ぎを受けない場合）	○		
20	技能実習生に対する相談体制の概要	○	・申請者の概要書	

第10節　技能実習実施困難時の届出等（技能実習法第33条）

ポイント 監理団体は、実習実施者の事業上・経営上の都合で、あるいは技能実習生の病気やけが（労災を含む）の事情等で技能実習を受けさせることが困難となった旨の通知を受けた場合等には、遅滞なく、実習実施者の住所地を管轄する機構の地方事務所・支所の認定課に、技能実習実施困難時届出書（省令様式第18号）を提出しなければなりません。

　監理団体は、技能実習生が途中帰国することとなる場合にはその帰国日前までに、それ以外の理由で技能実習を受けさせることが困難になった場合にはその困難になった事由が発生してから2週間以内に、技能実習実施困難時届出書を提出しなければなりません。提出を

怠ったうえにさらに機構の指導に従わなかった場合には、行政処分の対象となる可能性があるほか、罰則（30万円以下の罰金）の対象ともなります。

　技能実習生が技能実習計画の満了前に途中で帰国することになる場合には、技能実習生に対し、意に反して技能実習を中止して帰国する必要がないことの説明や、帰国の意思確認を書面により十分に行ったうえで、監理団体は、技能実習生の帰国が決定した時点で帰国前に機構の地方事務所・支所の認定課へ届け出なければなりません。これは、旧制度において技能実習生の意に反して技能実習計画の満了前に帰国させるという事案が発生したことを受けたものです。

　ただし、帰国便の都合や帰国予定の技能実習生が期間満了日までに年次有給休暇をまとめて消化する等のやむを得ない事情がある場合など、技能実習生の意に反するものでないことが確認できる場合には、技能実習期間満了前の帰国についての申告書（参考様式第1－40号）等により、帰国の意思確認を十分に行い、これらのやむを得ない事情があったことを記録しておく場合は、技能実習実施困難時届出書の提出は不要です。

　次段階の技能実習に移行予定の技能実習生が、現在の技能実習期間の満了前に、次段階の技能実習に係る在留資格変更許可を受ける場合も、早期に移行した日数の分だけ全体の技能実習期間が短縮されることになりますが、この場合も技能実習期間満了前の移行についての申告書（参考様式第1－41号）等により、技能実習生の同意が得られていれば、技能実習実施困難時届出書の提出は不要です。

　現在の実習実施者で技能実習を継続することができなくなった場合には、技能実習生が実習先を変更するなどして技能実習を継続したいとの希望を持っているかを確認することが必要となります。継続の希望を持っている場合には、他の実習実施者や監理団体等との連絡調整等の必要な措置を講じなければなりません。また、次の実習先が確保されるまでの間の技能実習生の待遇がどのようになっているのかなど、技能実習生の現状（入国状況、住宅の確保、休業手当や雇用保険の受給状況を含む生活費等の確保）や技能実習の継続のための措置（転籍等の連絡調整等の状況、帰国する場合は帰国理由や予定時期等）を含めて届け出る必要があります。

　なお、実習実施者や監理団体が責任を持って次の実習先を確保することが必要ですが、機構が行う実習先変更支援のサービスを利用することも可能です。

第11節　事業の休廃止（技能実習法第34条）

> **ポイント**　監理団体は、監理事業を休廃止しようとするときは、休廃止予定日の1か月前までに、休廃止する旨および実習監理を行う実習実施者に係る技能実習を継続するための措置などについて記載し、機構の本部事務所の審査課に事業廃止届出書または事業休止届出書（省令様式第19号）を提出しなければなりません。

　監理事業は休廃止せず、一部の監理事業所を休廃止する場合は、変更届出書（省令様式第17号）を提出します。監理事業を休廃止した場合も、休廃止した事業年度に係る事業報告書（省令様式第23号）の提出は必要です。

　監理事業を廃止するとき、または休止する場合であってその休止により技能実習の実習監理を継続することが困難なときは、受け入れている技能実習生が技能実習を継続したいとの希望を持っているかを確認することが必要になります。継続の希望を持っている場合には、他の実習実施者や監理団体等との連絡調整等の必要な措置を講じなければなりません。

　なお、実習実施者や監理団体が責任を持って次の実習先を確保することが必要ですが、機構が行う実習先変更支援のサービスを利用することも可能です。

第12節　報告徴収等（技能実習法第35条）

> **ポイント** 主務大臣である法務大臣と厚生労働大臣には、監理団体の許可に関する業務について、実習実施者や監理団体等に対し、報告の徴収、帳簿書類の提出もしくは提示の命令、出頭の命令、質問または立入検査を行う権限が認められています。

　主務大臣が行う報告徴収等について、拒んだり、虚偽の回答を行ったりした場合などには、監理団体の許可の取消事由となるほか、罰則（30万円以下の罰金）の対象ともなります。

　機構は、監理団体に対しては１年に１回程度の頻度で、実習実施者に対しては３年に１回程度の頻度で、定期的に実地検査を行うことを予定しています。そのため、機構が行う検査には積極的に協力し、技能実習が適正に行われていることを明らかにすることが求められます。

第13節　改善命令等（技能実習法第36条）

> **ポイント** 機構や主務大臣である法務大臣と厚生労働大臣による調査等によって、技能実習法、出入国または労働に関する法令等に違反していることが判明したときであって、監理事業の適正な運営を確保するために必要があると認めるときは、主務大臣が改善命令を行うことがあります。

　この改善命令は、違反行為そのものについての是正を行うことはもとより、監理団体として違反行為を起こすような管理体制や運営を行っていることそのものについて、改善を行わせることを目的として発せられるものです。監理団体は、主務大臣から期限を定めて問題となっている事項の改善に必要な措置を取るよう命じられますので、期限内に命じられた事項

について、改善措置を講じる必要があります。

　改善命令に従わない場合や、改善措置を講じたとしても主務大臣から適切な措置であると認められない場合には、監理団体の許可の取消事由となるほか、罰則（6か月以下の懲役または30万円以下の罰金）の対象ともなります。

　さらに、改善命令を受けた監理団体は、改善命令を受けた旨を公示されることとなりますので、不適正な受入れを行っていたことが周知の事実となります。

第14節　許可の取消し等（技能実習法第37条）

▶許可の取消し等に関する事項

> **ポイント** 一度許可を受けた監理団体であっても、許可基準を満たさなくなった場合、監理団体が欠格事由に該当することとなった場合、許可の条件に違反した場合、改善命令に違反した場合、入管法令や労働関係法令に違反した場合等には、許可の取消しの対象となります。

　監理団体の許可が取り消されると、監理事業を行うことができなくなり、現在受け入れている技能実習生の実習監理も継続できなくなります。また、許可の取消しを受けた旨が公示されることになり、不適正な受入れを行っていることが周知の事実となるほか、取消しの日から5年間は新たな監理団体の許可を受けられなくなります。

　また、一般監理事業の許可を受けた監理団体が、優良な監理団体の要件を満たさなくなった場合には、職権での特定監理事業への許可の変更の対象となり、この場合もその旨が公示されることになります。

　許可の取消しを受けた監理団体は、実習実施者等から徴収した監理費について、徴収と費用支出の時期に応じて適切に精算することが必要です。

　たとえば、

①　渡航および帰国に要する費用や、実習実施者の倒産等により技能実習が継続できなくなった場合の対応に要する費用について、予期せず急に出費が必要となる場合等もあることから、実習実施者が事前に監理団体に一定の金額を預託していた場合

②　決算等により事後的に確定する部分があり、実費の確定前に実費に相当する金額が記載された監理費の料金表を定め、実習実施者から事前に徴収していた場合

③　監理費の料金表に基づき、実習実施者が事前に監理団体へ毎月定額を預託していた場合

などが考えられます。

　これらの①〜③のような場合には、許可の取消しの処分を受けた時点で監理事業に要する費用を早急に確定させ、徴収した金銭からその費用を差し引き精算することが望ましいです。また、許可の取消しを受ける前までに徴収した送出管理費について、許可の取消しを受

けた後に送出機関への支払日が設定されている場合も考えられます。この場合、許可の取消しを受けた監理団体は、すでに徴収した送出管理費を送出機関へ支払うことは可能です。

▶事業停止命令に関する事項

> **ポイント** 監理団体が、許可の取消事由（欠格事由を除く）に該当することとなった場合においても、主務大臣である法務大臣と厚生労働大臣は違反の内容等を考慮したうえで、許可の取消しではなく、期間を定めて監理事業の全部または一部の停止を命ずることがあります。この場合も、その旨が公示されることになります。

　失踪する技能実習生を高い割合で発生させ、しかも技能実習生の失踪者を発生させないための対策を十分に講じていないと認められる監理団体に対しては、主務大臣は事業停止（新規の受入れ停止）を命じることがあります。この場合、命令による期間が経過するまでの間、その監理団体を監理団体とした新規入国を伴う技能実習計画の認定の申請については、技能実習計画の認定を受けることができません。

　この場合において、事業停止命令の日までにされた技能実習計画の認定の申請について、事業停止命令の日までにその計画の認定がされなかった場合、命令による期間が経過するまでの間、その計画の認定を受けることができません。

第15節　名義貸しの禁止（技能実習法第38条）

> **ポイント** 監理団体は、監理事業を自ら行わなければならず、許可を受けた名義を他人に貸して監理事業を行わせてはなりません。

　監理事業は、欠格事由に該当せず、事業遂行能力等について許可基準に照らして審査を受けた法人が自ら行うものでなければ、許可制度自体の維持が困難になるため、許可を受けた名義を他人に貸して（いわゆる名義貸し）監理事業を行わせることは禁止されています。

　これに違反した場合には、罰則（1年以下の懲役または100万円以下の罰金）の対象となります。

第16節　認定計画に従った実習監理等（技能実習法第39条）

> **ポイント** 監理団体は実習実施者に対し、認定計画に従った実習監理を行い、監理団体の業務の実施に関する基準に従って業務を実施しなければなりません。

　技能実習生に対する技能等の修得等に係る指導については、直接的には実習実施者が行うものですが、監理団体は修得等をさせようとする技能等について、監理団体の一定の経験または知識を有する技能実習計画作成指導者を中心に、必要な経験または知識の修得に努めることが必要です。実習実施者に対し、技能検定等の受検時期の調整や、実習実施者による技能等の指導状況の確認など、技能実習生が修得等した技能等の評価を行うにあたっての指導・助言も行わなければなりません。

　また、監理団体は、技能実習の実施状況の監査その他の業務の実施に関して省令で定める基準に従い、業務を実施しなければなりません。その詳細は、監理団体の許可基準である「監理団体の業務の実施」（102頁参照）のとおりです。

第17節　監理責任者の設置等（技能実習法第40条）

> **ポイント**　監理団体は、監理事業を行う事業所ごとに監理責任者を選任しなければなりません。

　監理責任者には、欠格事由に該当する者（禁錮以上の刑に処せられ、その執行を終えた日から5年を経過しない者など）、過去5年以内に出入国または労働に関する法令（技能実習法令も含まれる）について不正または著しい不当な行為をした者、未成年者はなることができません。

　監理責任者は、次頁の法第40条第1項第1号から第6号までに掲げる事項を統括管理するために、次の①～③の条件を満たす監理事業を行う事業所ごとに選任された者でなくてはなりません。

①　監理団体の常勤の役員または職員である者

②　監理事業を行う事務所に所属する者であって、監理責任者の業務を適正に遂行する能力を有する者

③　過去3年以内に監理責任者に対する講習（主務大臣である法務大臣と厚生労働大臣が告示した養成講習機関が実施する講習）を修了した者

　なお、監理責任者は、これらの①～③以外に特段の資格等の取得が求められるものではなく、またそのすべての事項を自らが行わなければならないものでもなく、監理責任者の統括管理のもと、監理団体の役職員にその一端を担わせることは可能です。また、常勤とは、出勤日数や勤務時間に定めはありませんが、監理団体のみに雇用され、常時、監理事業を行える状態にあるなど、その監理団体の業務に専念していることをいいます。

　監理責任者が実習監理の対象となる実習実施者と同一であるといった事情が生じた場合には、実習監理の公正が害されるおそれが高く、利益相反により適切に監理責任者として業務を行うことができないことが想定されます。そのため、監理事業を行う事業所において実習監理を行う実習実施者が監理責任者となるような場合には、監理責任者を複数選任することに

なります。

　監理団体は、実習実施者が技能実習に関し労働関係法令に違反しないよう、監理責任者を通じて必要な指導をしなければなりません。また、労働関係法令に違反していると認められるときは、監理責任者に是正のため必要な指示をしなければなりません。

　監理団体は、是正指示を行った場合において、その是正指示が労働基準関係法令を含むものであるときには、その監理団体の所在地を管轄する労働基準監督署に対して、その他のときにはその所在地を管轄する都道府県労働局職業安定部訓練課（室）に対して、それぞれ通報（任意様式）しなければなりません。

　なお、監理責任者が統括管理する事項は、次のとおりです（法第40条第1項第1号〜第6号）。

①　団体監理型技能実習生の受入れの準備に関すること
②　技能実習生の技能等の修得等に関する実習実施者への指導および助言並びに実習実施者との連絡調整に関すること
③　技能実習生の保護その他技能実習生に関すること
④　実習実施者等および技能実習生等の個人情報の管理に関すること
⑤　技能実習生の労働条件、産業安全および労働衛生に関し、技能実習責任者との連絡調整に関すること
⑥　国および地方公共団体の機関であって技能実習に関する事務を所掌するもの、機構その他関係機関との連絡調整に関すること

第18節　帳簿の備付け（技能実習法第41条）

ポイント　監理団体は、次の帳簿書類を作成し、監理事業を行う事業所に備えておかなければなりません。その保管期間は、帳簿書類の基となる技能実習が終了した日から1年間ですが、技能実習生が第2号までの3年間の実習を受けた場合、第2号終了時から1年間、第1号開始時からの帳簿を備えておく必要があります。

それぞれの帳簿書類に記載すべき最低限の事項は次のとおりです。

①　実習監理を行う実習実施者の管理簿
　・実習監理を行う実習実施者の名簿（最低限の記載事項は次のとおり）
　　ア　氏名または名称
　　イ　住所
　　ウ　代表者の氏名
　　エ　法人番号
　　オ　役員の氏名、役職および住所
　　カ　技能実習を受けさせる事業所の名称、所在地、選任されている技能実習責任者

- キ　技能実習責任者の氏名および役職
- ク　技能実習指導員の氏名および役職
- ケ　生活指導員の氏名および役職
- コ　常勤職員数
- サ　技能実習を受けさせる事業所の常勤職員の総数
- シ　技能実習生の受入れ実績（国籍（国または地域）別）
- ス　これまでの中途帰国した技能実習生の実績（技能実習の区分別）
- セ　これまでの行方不明となった技能実習生の実績（技能実習の区分別）

・技能実習責任者・技能実習指導員・生活指導員の履歴書（参考様式第1−4号）
・技能実習責任者・技能実習指導員・生活指導員の就任承諾書および技能実習に係る誓約書（参考様式第1−5号）
・監理団体と実習実施者の間の実習監理に係る契約の契約書またはこれに代わる書類

② 実習監理に係る技能実習生の管理簿
・実習監理に係る技能実習生の名簿（最低限の記載事項は次のとおり）
- ア　氏名
- イ　国籍（国または地域）
- ウ　生年月日
- エ　性別
- オ　在留資格
- カ　在留期間
- キ　在留期間の満了日
- ク　在留カード番号
- ケ　所属する実習実施者
- コ　外国人雇用状況届出の届出日
- サ　技能実習を実施している認定計画の認定番号
- シ　技能実習を実施している認定計画の認定年月日
- ス　技能実習を実施している認定計画の技能実習の区分
- セ　技能実習を実施している認定計画の技能実習の開始日
- ソ　技能実習を実施している認定計画の技能実習の終了日
- タ　技能実習を実施している認定計画の変更認定に係る事項（変更の認定年月日、変更事由）
- チ　技能実習を実施している認定計画の変更届出に係る事項（変更の届出年月日、変更事項）
- ツ　すでに終了した認定計画に基づき在留していた際の前記オからキまでの事項
- テ　すでに終了した認定計画に係る前記サからチまでの事項

・技能実習生の履歴書（参考様式第1−3号）
・雇用契約書および雇用条件書（参考様式第1−14号）

③　監理費に係る管理簿
・監理費管理簿（参考様式第４－５号）（最低限の記載事項は次のとおり）
ア　監理費を支払った団体監理型実習実施者の氏名または名称（監理費を支払う者について、個人の場合は氏名を、法人の場合は名称を記載。監理費を支払った実習実施者が複数の事業所を有するときは、求人申込み等の主体となっている事業所の名称を記載）
イ　年月日（支払われた年月日を記載）
ウ　監理費の種類（職業紹介費、講習費、監査指導費およびその他諸経費の種類ごとに記載）
エ　監理費の額（支出した監理費の額を種類ごとに記載）
オ　監理費の算出の根拠（算出根拠となった人件費や交通費等がわかるように記載）
カ　監理費の収支の状況（管理簿の記載対象期間における監理費の徴収額および支出額について、職業紹介費、講習費、監査指導費およびその他諸経費の種類ごとに記載）
・監理費管理簿の記載内容を裏付ける書類
ア　支出事実を裏付ける書類（監査時に支出した交通費、入国後講習時に支出した講師への謝金の領収書等）
イ　徴収事実、監理費の算出の根拠を示す書類（請求書、領収書の写し等）
④　技能実習に係る雇用関係の成立のあっせんに係る管理簿（参考様式第４－６号）
・求人に関する事項
ア　求人者の氏名または名称（求人者が個人の場合は氏名を、法人の場合は名称を記載。求人者が複数の事業所を有するときは、求人の申込みおよび採用選考の主体となっている事業所の名称を記載）
イ　求人者の住所
ウ　求人に係る連絡先（求人者において、求人および採用選考に関し必要な連絡を行う際の担当者の氏名および連絡先電話番号等を記載）
エ　求人受付年月日（同一の求人者から、複数の求人を同一の日に受け付ける場合で、受付が同時でない場合はその旨を記載）
オ　求人の有効期間（有効期間がある場合は、その有効期間を記載するとともに、有効期間が終了した都度、その旨を記載）
カ　職業紹介の取扱状況（求人者に求職者をあっせんした場合は、職業紹介を行った時期、求職者の氏名または名称、採用・不採用の別を記載。採用された場合は採用年月日も記載）
・求職に関する事項
ア　外国の送出機関の氏名または名称（求職者を取り次ぐ外国の送出機関が個人の場合は氏名、法人の場合は名称を記載）
イ　求職者の氏名

ウ　求職者の生年月日（年齢によっては、労働基準法上、就業制限があるので留意が必要）

エ　求職者の希望職種

オ　求職受付年月日

カ　求職の有効期間（有効期間がある場合は、その有効期間を記載するとともに、有効期間が終了した都度、その旨を記載）

キ　職業紹介の取扱状況（求職者に求人者をあっせんした場合は、職業紹介を行った時期、求人者の氏名または名称、採用・不採用の別を記載。採用された場合は採用年月日も記載）

⑤　技能実習の実施状況の監査に係る書類

・監査報告書の写し（省令様式第22号）（ほかに、監査実施概要（参考様式第4－7号）を用いて監査を実施した場合にはその書類を、技能実習責任者・技能実習指導員からの報告内容、技能実習生との面談結果等を記録した文書、監査の際に撮影した設備等の写真等もあればあわせて保存することが望ましい）

⑥　入国前講習および入国後講習の実施状況を記録した書類

・入国前講習実施記録（参考様式第4－8号）

・入国後講習実施記録（参考様式第4－9号）

⑦　訪問指導の内容を記録した書類

・訪問指導記録書（参考様式第4－10号）

⑧　技能実習生から受けた相談の内容およびその相談への対応を記録した書類

・団体監理型技能実習生からの相談対応記録書（参考様式第4－11号）（最低限の記載事項は次のとおり）

ア　相談の受付日

イ　相談をした技能実習生の氏名

ウ　相談を受け付けた者の氏名

エ　相談の内容

オ　相談の内容に関し必要な対応をした日

カ　相談の内容に関し必要な対応をした者の氏名

⑨　外部監査の結果を記録した書類（外部監査の措置を講じている監理団体）

・外部監査報告書（参考様式第4－12号）

・外部監査報告書（同行監査）（参考様式第4－13号）

⑩　外部役員による確認書類（外部監査の措置を講じていない監理団体）

・外部役員確認書（参考様式第4－14号）

これらの帳簿書類は、機構が行う実地検査や主務大臣である法務大臣と厚生労働大臣が行う立入検査の際にも提示できるよう適切に作成して備えておく必要があります。

また、事業所管大臣がその特定の職種および作業に特有の事情を踏まえた告示を制定することが可能になっており、帳簿書類についても告示が定められることがあります。

第19節　監査報告および事業報告（技能実習法第42条）

> **ポイント** 監理団体は、実習監理を行う実習実施者について監査（臨時監査も含む）を行ったときは、その監査の終了後遅滞なく、監査報告書（省令様式第22号）を作成のうえ、監査対象の実習実施者の住所地（法人の場合にあってはその法人の本店の所在地）を管轄する機構の地方事務所・支所の指導課に提出しなければなりません。
>
> 　また、監理団体は、毎年1回、監理事業を行う事業所ごとに事業報告書（省令様式第23号）を作成のうえ、次の書類を添付して、機構の本部事務所の審査課に提出しなければなりません。
> ① 　直近の事業年度に係る監理団体の貸借対照表および損益計算書または収支計算書
> ② 　訪問指導の内容を記録した書類の写し
> ③ 　外部監査の結果を記録した書類の写し（外部監査の措置を講じている監理団体）

　事業報告書は、毎年4月1日から5月31日までに、直近の技能実習事業年度（4月1日に始まり翌年3月31日に終わる技能実習に関する事業年度）に係る報告書を提出することとされています。

　したがって、たとえば、7月1日から監査事業を開始した場合には、7月1日から翌年3月31日までの監理事業に関する事業報告書を作成し、翌年5月31日までに提出することになります。

第20節　個人情報の取扱いと秘密保持義務（技能実習法第43条・第44条）

> **ポイント** 監理団体は、技能実習生の賃金、職歴、国籍（国または地域）等や実習実施者の情報など、個人情報として保護する要請の高い個人情報を取り扱うこととなるため、個人情報を適正に管理し、秘密を守るため必要な措置を講じておかなければならず、このことは監理団体の許可基準にも規定されています。

　具体的には、指針（平成29年4月7日法務省・厚生労働省告示第2号）に基づいて、個人情報適正管理規程を作成しなければなりません。

　これに加え、監理団体は、監理事業に関し、実習実施者等および技能実習生等の個人情報を収集・保管または使用するにあたっては、監理事業の目的の達成に必要な範囲内で個人情

報を収集し、その収集の目的の範囲内でこれを保管し、使用しなければならないとされています。なお、監理団体あての電話を他法人や監理団体の役職員以外の個人に転送したり、対応させたりすることは、個人情報の取扱い上、問題となる場合があります。

　また、監理団体の役職員（退職者も含む）は、正当な理由なく、その業務に関して知ることができた秘密を漏らし、または盗用してならないとされており、秘密保持義務が課されています。

第21節　留意事項

　法人の合併等に際し、消滅する法人（以下「消滅法人」という）が監理団体の許可を有しており、その消滅法人の事業所において、合併後存続する法人（以下「存続法人」という）または合併により新たに設立される法人（以下「新設法人」という）が引き続き監理事業を行う場合等には、次のとおり取り扱うこととされています。

▶吸収合併の場合の取扱い

＜新規に監理団体の許可申請を要する場合＞

　新規に監理団体の許可申請を要する場合は次のとおりです。

① 　合併前に存続法人が監理団体の許可を受けておらず、しかも消滅法人が監理団体の許可を受けている場合であって、合併後に存続法人が監理事業を行おうとするときは、新規の監理団体の許可申請が必要となります。この場合、監理団体の許可の期間に空白が生じることを避けるため、監理団体の許可申請にあたっては、たとえば、合併を議決した総会議事録等により合併が確実に行われることを確認することにより、合併と同日付けで許可を受けることが可能となるよう、存続法人において事前に監理団体の許可申請を行うことになります。

② 　その際、合併により、事業開始予定日までまたは事業開始予定日付けで、法人の名称、住所、代表者、役員、監理責任者が変更され、監理団体の許可申請時に合併を議決した総会議事録等によりこれらの変更が確認できるときは、変更後直ちに、その内容に違いがない旨の報告が必要となります。

③ 　この手続は、合併後の法人に係る監理団体の許可申請を合併前の法人に行わせるものであるため、通常の監理団体の許可手続に必要な関係書類のほか、原則として、次の書類を提出することが必要となります。

　・合併の経緯、合併後の法人および監理事業を行う事業所の概要
　・関係法人の総会議事録（合併を議決したもの）
　・監理事業を行う事業所に係る賃貸借契約書の名義人変更に関する貸主の同意書
　・社会・労働保険等合併後に提出すべき書類
　・存続する法人および消滅する法人の最近の事業年度における貸借対照表等

④ 　財産的基礎に関する要件は、原則として、存続する法人の貸借対照表等により確認す

ることになりますが、合併により存続する法人の資産状況が大きく毀損するおそれがある場合（消滅する法人の最近の事業年度の決算において、多額の負債が確認できる場合など）にあっては、申請者から財産的基礎に関する要件を満たしていることを疎明する必要があります。

＜新規に監理団体の許可申請を要しない場合＞

新規に監理団体の許可申請を要しない場合は次のとおりです。

合併前に存続法人が監理団体の許可を受けている場合であって、合併後に存続法人が監理事業を行おうとするときは、新規の監理団体の許可申請を行う必要はありません。存続法人が一般監理事業を行っている場合も同様に、改めて一般監理事業の申請を行う必要はありません。なお、合併により法人の名称等に変更がある場合には、変更の届出を行うことが必要です。

なお、存続法人ではなく、消滅する法人が一般監理事業の許可を得ている場合であっても、優良要件の基準は監理事業を行う法人に着目して判断されるものであるため、存続法人に消滅する法人が得ていた監理許可が自動的に付与されることにはならず、一般監理事業としての実績も引き継がれません。仮に消滅法人が第3号技能実習の実習監理を行っている場合には、技能実習生を他の一般監理団体へ転籍させることが必要となります。

▶新設合併の場合の取扱い

新設合併の場合、たとえば合併する法人がすべて解散し、それと同時に新設法人が成立する場合で、合併後に新設法人が監理事業を行うときは、新規の監理団体の許可申請が必要となります。

この場合、吸収合併の場合の取扱いと同様の手続により、事前に監理団体の許可申請を行うこととして差し支えありませんが、申請時には新設法人の主体はないため、特例的に合併後の予定に基づいて申請書等を記載するものとし、新設法人の成立後直ちに、その内容に違いがない旨を報告することが必要です。

なお、すべての消滅法人が合併前に監理団体の許可を受けており、しかもその消滅法人の事業所において、合併後に新設法人が引き続き監理事業を行うときであっても、財産的基礎に関する判断に係る許可基準については、通常どおり取り扱うことになります。

▶吸収分割・新設分割の場合の取扱い

吸収分割または新設分割の場合の取扱いは、次のとおりとなります。

① 吸収分割の場合

既存の法人がすでに存在する他法人に既存事業を分割し、継承させる吸収分割の場合には、吸収合併の場合の取扱いに準じて対応することになります。

② 新設分割の場合

既存の法人が、新設する法人に既存事業の一部を継承させる新設分割の場合には、既存法人が得ている監理事業の許可が一般監理事業か、特定監理事業かの区分にかかわら

ず、必ず新規の監理団体の許可申請が必要となります。

　事業の一部を分割する既存の法人が一般監理事業の許可を得ている場合であっても、優良要件の基準は法人に着目して判断されるものであるため、その事業の一部を継承する新設法人に監理許可が自動的に付与されることにはならず、一般監理事業としての実績も引き継がれません。

　仮に既存の法人から分割され継承しようとする既存事業に、第3号技能実習の実習監理を含む場合であっても、新設法人が新たに一般監理事業の許可を得られるまでの間は、第3号技能実習の実習監理を行うことはできません。

　なお、分割する法人について事業所数等が変更したときは、変更の届出を行うことが必要です。

第**5**章　技能実習生の保護

　監理団体（許可を受けた監理団体のほか、許可を受けずに実習監理を行うものも含む）またはその役職員は、暴行、脅迫、監禁その他精神または身体の自由を不当に拘束する手段によって、技能実習生の意思に反して技能実習を強制してはなりません。

　監理団体またはその役職員は、技能実習生等またはその配偶者、直系もしくは同居の親族その他技能実習生等と社会生活において密接な関係を有する者との間で、技能実習に係る契約の不履行について違約金を定め、または損害賠償額を予定する契約をしてはなりません。

　また、監理団体またはその役職員は、技能実習生等（技能実習生になろうとする者を含む）に技能実習に係る契約に付随して貯蓄の契約をさせ、または技能実習生等との間で貯蓄金を管理する契約をしてはなりません。

　実習実施者もしくは監理団体（認定を受けた実習実施者または許可を受けた監理団体のほか、認定を受けずに技能実習を受けさせる者または許可を受けずに実習監理を行う者を含む）またはこれらの役職員は、技能実習生の旅券（パスポート）または在留カードを保管してはなりません。

　さらに、実習実施者もしくは監理団体またはこれらの役職員は、技能実習生の外出その他の私生活の自由を不当に制限してはなりません。

　実習実施者もしくは監理団体またはこれらの役職員が技能実習法令の規定に違反する事実がある場合においては、技能実習生は、その事実を出入国在留管理庁長官および厚生労働大臣に申告することができます。また、この申告をしたことを理由として、技能実習生に対して不利益な取扱いをすることは禁止されています。

第1節　禁止行為（技能実習法第46条〜第48条）

▶暴力、脅迫、監禁等による技能実習の強制の禁止

　実習監理者またはその役職員が、暴行、脅迫、監禁その他精神または身体の自由を不当に拘束する手段によって、技能実習生の意思に反して技能実習を強制することは禁止されています。これに違反した場合には、1年以上10年以下の懲役または20万円以上300万円以下の罰金の対象となります。

▶技能実習に係る契約の不履行についての違約金等の禁止

　技能実習生との間で違約金等の契約がされることは、実習実施者における業務従事の強制等の問題を引き起こし、技能実習生の自由意思に反した人権侵害行為を惹起するおそれがあり、このような行為から技能実習生を保護することが必要とされています。

　このため、実習監理者またはその役職員が、技能実習生等またはその配偶者、直系もしくく

は同居の親族その他技能実習生等と社会生活において密接な関係を有する者との間で、技能実習に係る契約の不履行について違約金を定め、または損害賠償額を予定する契約をすることは禁止されています。

　これに違反した場合には、6か月以下の懲役または30万円以下の罰金の対象となります。

　監理団体が、外国の送出機関と前記の違約金等を定める契約を締結したことによって、監理団体の許可の取消しの対象となった事例があります。送出機関との間で技能実習生の受入事業に係る契約を締結する際は、十分に内容を確認する必要があります。

▶旅券（パスポート）・在留カードの保管等の禁止

　技能実習生の旅券（パスポート）や在留カードの保管や外出等の私生活の自由の制限は、技能実習生の国内における移動を制約することです。そして、それは、実習実施者における業務従事の強制等の問題を引き起こし、技能実習生の自由意思に反した人権侵害行為を惹起するおそれがあり、こうした行為から技能実習生を保護することが必要とされています。

　このため、技能実習を受けさせる者もしくは実習監理者またはこれらの役職員が、技能実習生の旅券（パスポート）や在留カードを保管することは、技能実習生の同意の有無や理由によらず禁止されています。特に、技能実習生の意思に反して技能実習生の旅券（パスポート）や在留カードを保管した場合には、6か月以下の懲役または30万円以下の罰金の対象となります。

　また、技能実習を受けさせる者もしくは実習監理者またはこれらの役職員が、技能実習生の外出その他の私生活の自由を不当に制限することは禁止されています。具体的には、技能実習生に対して、他の者との通信を禁止するために携帯電話等を取り上げる行為、外出を一律に禁止する行為（宿泊施設について合理的な理由なく一律の門限を設けることを含む）、男女交際等を禁止する行為、妊娠しないこと等を誓約させる行為、宿泊施設内の居室等の技能実習生のプライベートな空間に理由なくカメラを設置する行為（防犯目的でプライベートな空間が写らないように設置した場合は除く）等が想定されます。

　これに違反して、技能実習生に対し、解雇その他の労働関係上の不利益または制裁金の徴収その他の財産上の不利益を示して、技能実習が行われる時間以外における他の者との通信もしくは面談または外出の全部または一部を禁止する旨を告知した場合には、6か月以下の懲役または30万円以下の罰金の対象となります。

第5章

第2節　出入国在留管理庁長官および厚生労働大臣に対する申告（技能実習法第49条）

　技能実習生本人が、技能実習法令に違反する行為に遭遇した際に、自ら実習実施者、監理団体等の不法行為を申告することができれば、主務大臣である法務大臣と厚生労働大臣の迅速かつ的確な権限行使によって不法行為を是正することが可能となり、技能実習生の保護が図られることになります。

　このため、実習実施者もしくは監理団体またはこれらの役職員が、技能実習法令の規定に違反する事実がある場合には、技能実習生は、その事実を出入国在留管理庁長官および厚生労働大臣に申告することができることにしています。

　この申告については、機構が実施する母国語による相談窓口（電話、メール等）を通じて行うこともできます。入国後講習において、法的保護に必要な情報について講習する際に、技能実習生に対して確実に周知することが必要です。なお、申告の制度については、入国時に技能実習生に配付する技能実習生手帳にも記載されています。

　実習実施者もしくは監理団体またはこれらの役職員が、技能実習生が申告したことを理由として技能実習の中止その他不利益な取扱いをすることは禁止されており、これに違反した場合には、6か月以下の懲役または30万円以下の罰金の対象となります。

第6章　補則

　出入国在留管理庁長官および厚生労働大臣は実習実施者に対し、主務大臣である法務大臣と厚生労働大臣は監理団体に対し、必要があると認めるときは、必要な指導および助言をすることができます。また、出入国在留管理庁長官および厚生労働大臣は、技能実習生からの相談に応じ必要な情報の提供、助言その他の援助を行います。

　実習実施者および監理団体は、技能実習実施困難時届出、事業の休廃止届出等をしようとするときは、技能実習の継続を希望する技能実習生が引き続き技能実習を行うことができるよう、他の実習実施者や監理団体等との連絡調整その他の必要な措置を講じなければなりません。

　さらに、出入国在留管理庁長官および厚生労働大臣は、実習実施者およびその関係者に対し、主務大臣は監理団体およびその関係者その他の関係者に対し、その措置の円滑な実施のために必要があると認めるときは、指導および助言を行うことができます。

　出入国在留管理庁長官および厚生労働大臣は、事業所管大臣に対して、その事業に係る技能実習に関し、必要な協力を要請することができます。

　事業所管大臣は、事業所管大臣のほか、その所管する事業に係る実習実施者や監理団体等により構成される「事業協議会」を組織することができます。

　出入国在留管理庁長官および厚生労働大臣は、技能実習の適正な実施および技能実習生の保護のために、関係行政機関の長に対して情報の提供をすることができます。また、他の法律に基づく措置が必要な場合には、その所管大臣に対してその速やかな実施を求めることができます。

　地域において技能実習に関する事務を所掌する国の機関は、その機関のほか、地方公共団体の機関等の関係機関により構成される「地域協議会」を組織することができます。

第1節　指導および助言等（技能実習法第50条）

　技能実習の適正な実施および技能実習生の保護のためには、実習実施者や監理団体が技能実習関係法令に従って技能実習を適切に受けさせたり、監理事業を行ったりすることが必要です。このため、主務大臣である法務大臣と厚生労働大臣等やその業務を担う機構が、実習実施者や監理団体に対し、必要な指導および助言をしていくことが求められています。

　また、開発途上地域等から来日する技能実習生については、わが国で技能等の修得等をするにあたって、さまざまな困難に直面することが想定されますが、技能実習生の受入れを担う実習実施者や監理団体が、技能実習生の相談に応じ、必要な情報の提供、助言その他の援助を行うことが大前提として必要です。

　この実習実施者や監理団体による相談応需・情報提供等に加え、出入国在留管理庁長官お

よび厚生労働大臣自らも、技能実習生の相談に応じ、必要な情報の提供、助言その他の援助を行うことが求められています。具体的には、機構において母国語による相談窓口（電話、メール等）を整備し、わが国で生活をするにあたって生ずる諸問題や職場で生ずる諸問題について対応しています。

　機構における母国語による相談窓口については、機構のホームページを確認してください（次表を参照）。また、以上の情報については、入国時に技能実習生に配付する技能実習生手帳にも記載されていますので、入国後講習において法的保護に必要な情報の科目の講習を行う際に、技能実習生手帳を教材として使用して確実に周知することが必要です。

●**機構における母国語による相談窓口**

対応言語	対応日時	電話番号 ※時間外は留守番電話で対応	母国語相談サイトURL
ベトナム語	月〜金　11:00〜19:00 土　　　9:00〜17:00	0120−250−168	https://www.support.otit.go.jp/soudan/vi/
中国語	月、水、金　11:00〜19:00 土　　　　　9:00〜17:00	0120−250−169	https://www.support.otit.go.jp/soudan/cn/
インドネシア語	火、木 11:00〜19:00	0120−250−192	https://www.support.otit.go.jp/soudan/id/
フィリピン語	火、木　11:00〜19:00 土　　　9:00〜17:00	0120−250−197	https://www.support.otit.go.jp/soudan/phi/
英語	火、木　11:00〜19:00 土　　　9:00〜17:00	0120−250−147	https://www.support.otit.go.jp/soudan/en/
タイ語	木　11:00〜19:00 日　　9:00〜17:00	0120−250−198	https://www.support.otit.go.jp/soudan/th/
カンボジア語	木 11:00〜19:00	0120−250−366	https://www.support.otit.go.jp/soudan/kh/
ミャンマー語	火 11:00〜19:00	0120−250−302	https://www.support.otit.go.jp/soudan/mm/

（令和3（2021）年11月1日現在）

第2節　連絡調整等（技能実習法第51条）

　技能実習生を受け入れている実習実施者や監理団体の事情により、技能実習を行わせることや監理事業を続けることが困難となった場合等において、技能実習生が他の実習実施者や監理団体に円滑に転籍することができなければ、予定していた期間の技能実習を行うことができず、技能実習生が途中帰国を余儀なくされることになります。

　このような事態を防止するため、実習実施者や監理団体が、技能実習実施困難時届出、事

業の休廃止届出等をしようとするときは、実習実施者や監理団体が責任を持って他の実習実施者や監理団体等との連絡調整その他の必要な措置を講じ、技能実習生の円滑な転籍の支援を図ることが義務付けられています。

また、主務大臣である法務大臣と厚生労働大臣等は、その措置の円滑な実施のために必要があると認めるときは、実習実施者や監理団体等に対する指導および助言を行うことができます。具体的には、機構のホームページにおいて、転籍を支援するための監理団体向け実習先変更サイト（https://www.support.otit.go.jp/kanri/）が開設されており、同サイトにおいて、実習先変更を希望する技能実習生の新たな受入れ先を円滑に確保するための措置が講じられています。

なお、技能実習の実施が困難になった技能実習生について、機構から実習実施者や監理団体等に対して、転籍、生活等の支援状況を照会する場合があります。

実習実施者等を変更する場合の調整については、実習実施者、監理団体または取次送出機関の少なくとも1つを変更する場合にあっては、関係する当事者間で争いとなることがないように技能実習生を含めた当事者間で、事前の同意を得ておくことが望まれます。

たとえば、実習実施者および監理団体が変更される場合では、対象となる技能実習生、変更前後の実習実施者、変更前後の監理団体および取次送出機関の6者の間で、変更に係る同意を得ておくことが望まれます。さらに、実習実施者および監理団体の変更に加え、取次送出機関もあわせて変更となる場合には、変更後の送出機関も含めた最大7者の同意を得ることが望まれます。

第3節　技能実習評価試験（技能実習法第52条）

開発途上地域等への技能等の移転による国際協力の推進という技能実習制度の目的を達成するためには、技能実習により技能等の修得等を行った技能実習生が、技能実習修了時に目標として定めた技能検定または技能実習評価試験を受検し、適切に技能実習の効果を測定する必要があります。

技能検定については職業能力開発促進法においてその内容や要件が定められている一方で、技能実習評価試験は技能検定が存在しない職種について技能実習特有に整備された試験であるため、技能実習法において、その振興に努めるとともに、その信頼性の担保のため、技能実習評価試験の基準が定められています。

具体的には、省令で基準が定められており、その詳細な内容については、厚生労働省人材開発統括官が定める「技能実習制度における移行対象職種・作業の追加等に係る事務取扱要領」（令和2（2020）年4月）に規定されています。

機構では、技能実習生が、技能実習の各段階において、技能検定または技能評価試験を適切に受検し、次の段階に円滑に移行できるよう、監理団体（企業単独型技能実習の場合は実習実施者）からの申請に基づき、試験実施機関への取次ぎ、合否結果の迅速な把握およびその結果の技能実習計画認定の審査への円滑な反映等につなげていく業務を行っています。

第4節　事業所管大臣への要請および事業協議会
（技能実習法第53条・第54条）

　技能実習は幅広い職種・作業分野において行われており、技能実習生を受け入れている職種・作業ごとに、技能等の修得等にあたって必要となる知識や抱えている課題等が異なっているため、主務大臣である法務大臣と厚生労働大臣等および機構による全般的な指導監督に加え、個別の職種・作業分野についても、その職種・作業に係る知見を有する事業所管大臣が一定の関与をすることができる制度となっています。

　出入国在留管理庁長官および厚生労働大臣は、技能実習の適正な実施および技能実習生の保護のために必要があると認めるときは、事業所管大臣に対して、その特定の業種に属する事業に係る技能実習に関し、必要な協力を要請することができます。要請を受けた事業所管大臣は、各省所管の法令に基づく権限行使や各省の所掌事務の範囲内での行政指導を行うことになります。

　また、事業所管大臣は、自らのほか、業界団体、機構等を構成員とする「事業協議会」を組織することができます。具体的には、事業協議会では、技能実習生を受け入れている職種・作業ごとに、問題事案の共有や自主基準の策定を行うことなどを通じて、その職種・作業分野における技能実習の適正化につなげていくことが想定されています。

第5節　他の法律の規定に基づく措置の実施に関する要求等
（技能実習法第55条）

　出入国在留管理庁長官および厚生労働大臣は、技能実習の適正な実施および技能実習生の保護のため必要があると認めるときは、関係行政機関の長に対し、技能実習の適正な実施および技能実習生の保護に資する情報の提供をすることができます。

　また、実施し得る他の法律の規定に基づく措置があり、技能実習の適正な実施および技能実習生の保護を図るため、その措置が速やかに実施されることが必要であると認めるときは、その措置の実施に関する事務を所掌する大臣に対し、その措置の速やかな実施を求めることができます。

第6節　地域協議会（技能実習法第56条）

　地域において技能実習に関する事務を所掌する国の機関は、自らのほか、地方公共団体の機関、機構等を構成員とする「地域協議会」を組織することができます。

　これは、技能実習生を受け入れている地域ごとに、技能実習生の受入れに関し抱えている課題等が異なっているなか、各地域の出入国在留管理機関、労働基準監督機関、職業安定機関をはじめとした国の機関と地方公共団体の機関、機構等との相互連携を図り、地域レベルでの関係機関の情報共有等を図る仕組みを構築することを目的としています。

　具体的には、地域協議会は、
①　技能実習制度の運用についての関係機関による情報共有の結節点となる場
②　技能実習における不正防止および技能実習生の保護に重点を置いた取組方針を関係機
　　関が確認する場
などとしての役割を担うことが想定されています。
　そして、地域協議会が具体的に担う業務としては、たとえば、
①　技能実習の適正化に向けた地域での取組方針の協議・決定
②　地域における技能実習の現状等のデータ、制度運用上の留意点等の把握・共有
③　事業所管省庁の出先機関、都道府県等との密接な連携の確保・強化
等が考えられます。

第7章　養成講習

　監理団体において監理事業を行う事業所ごとに選任することとされている監理責任者、監理団体が監理事業を適切に運営するために設置することとされている指定外部役員または外部監査人、実習実施者において技能実習を行わせる事業所ごとに選任することとされている技能実習責任者については、いずれも3年ごとに、主務大臣である法務大臣と厚生労働大臣が適当と認めて告示した機関（以下「養成講習機関」という）によって実施される講習（以下「養成講習」という）を受講しなければなりません。

　監理団体の監理責任者以外の職員（監査を担当する職員）、実習実施者の技能実習指導員および生活指導員については、養成講習の受講は義務付けられていませんが、技能実習の適正な実施および技能実習生の保護の観点から、これらの者についても、養成講習を受講することが望まれます。特に、これらの者に対し3年ごとに養成講習を受講させることが、優良な監理団体または優良な実習実施者と判断される要件の1つとなっています。

　養成講習機関名および講習実施日程は、法務省および厚生労働省のホームページ（法務省https://www.moj.go.jp/isa/publications/materials/nyuukokukanri07_00144.html　厚生労働省https://www.mhlw.go.jp/stf/seisakunitsuite/bunya/0000158734.html）で案内しています。

第8章　違法行為の防止・摘発および違法行為に対する行政処分

　本章では、違法行為の防止・摘発のために主務大臣である法務大臣と厚生労働大臣等や機構が行う事務や実習実施者、監理団体が違法行為を惹起しないために留意すべき事項についてまとめています。

第1節　実施実習者、監理団体等への指導・助言等（技能実習法第50条）

　技能実習の適正な実施および技能実習生の保護のためには、実習実施者や監理団体が技能実習関係法令に従って、適切に技能実習を受けさせたり、監理事業を行ったりすることが必要です。このため、主務大臣である法務大臣と厚生労働大臣等やその業務を担う機構が、実習実施者や監理団体に対し、必要な指導および助言をしていくことが求められています。

　また、技能実習制度に関する正しい理解が必要不可欠であることから、実習実施者、監理団体等に対するリーフレット等の作成・配付、技能実習制度の概要に関する説明会の開催等、その啓発を主務大臣等および機構において積極的に行うこととしています。

第2節　機構による実地検査（技能実習法第14条、第16条）

　機構において、実習実施者や監理団体等に対し、報告や帳簿書類の提示を求めることや、質問すること、実習実施者または監理団体等の設備や帳簿書類等を実地に検査することが認められています。

　この機構が行う実地検査等については、虚偽の回答を行ったりするなどの場合には技能実習計画の認定の取消事由となるほか、調査への協力が得られない場合には、技能実習計画の認定に必要な情報が得られないため、技能実習計画が認定されないことになります。

第3節　実習実施者に対する指導監督（技能実習法第13条、第15条・第16条）

　主務大臣には、技能実習計画の認定に関する業務について、実習実施者や監理団体等に対し、報告の徴収、帳簿書類の提出もしくは提示の命令、出頭の命令、質問または立入検査を行う権限が認められています。

　また、機構や出入国在留管理庁長官および厚生労働大臣による調査等によって、実習実施者が認定計画に従って技能実習を受けさせていないことが判明し、技能実習法、出入国または

は労働に関する法令等に違反していることが判明したときで、技能実習の適正な実施を確保するために必要があると認められるときは、出入国在留管理庁長官および厚生労働大臣が改善命令を出す場合があります。

　さらに、一度認定された技能実習計画であっても、認定計画に従って技能実習を実施していない場合や、認定基準を満たさなくなった場合、実習実施者が欠格事由に該当することになった場合、主務大臣が行う立入検査を拒んだり妨害等したりした場合、改善命令に違反した場合、入管法令や労働関係法令に違反した場合等には、認定の取消しの対象となります。

　このような報告徴収、改善命令、認定の取消しといった指導監督は、実習実施者の違法行為の様態や悪質性などを踏まえて主務大臣等においてどのような権限行使を行うか判断がなされます。

◉これまでに技能実習計画の認定が取り消された事案について（主な事例）

事例1
【取消しの理由】
・事業活動に関し、外国人に不法就労活動をさせたことにより、出入国または労働に関する法令に関し不正または著しく不当な行為をしたと認められたこと

事例2
【取消しの理由】
・技能実習生の人権を著しく侵害する行為を行っていたこと

事例3
【取消しの理由】
・技能実習生に認定計画で定められた職種・作業と異なる作業に従事させていたこと
・入国後講習期間中に技能実習生を業務に従事させていたこと
・技能実習生に対して、入国後講習が適正に行われている旨の虚偽答弁を行うよう指示したこと
・機構による実地検査時に虚偽の答弁をしたこと

事例4
【取消しの理由】
・認定計画に従って報酬（割増賃金）を支払っていなかったこと
・機構の実地検査時に虚偽の帳簿書類（賃金台帳等）の提示および答弁をしたこと

第4節　監理団体に対する指導監督（技能実習法第35条～第37条）

　主務大臣である法務大臣と厚生労働大臣には、監理団体の許可に関する業務について、実習実施者や監理団体等に対し、報告の徴収、帳簿書類の提出もしくは提示の命令、出頭の命

令、質問または立入検査を行う権限が認められています。

　また、機構や主務大臣による調査等によって、技能実習法、出入国または労働に関する法令等に違反していることが判明したときであって、監理事業の適正な運営を確保するために必要があると認めるときは、主務大臣が改善命令を行う場合があります。

　さらに、一度許可を受けた監理団体であっても、許可基準を満たさなくなった場合、監理団体が欠格事由に該当することとなった場合、許可の条件に違反した場合、改善命令に違反した場合、入管法令や労働関係法令に違反した場合等には、許可の取消しの対象となります。

　なお、監理団体が、許可の取消事由（欠格事由を除く）に該当することとなった場合においても、主務大臣は、違反の内容等を考慮したうえで、許可の取消しではなく、期間を定めて監理事業の全部または一部の停止を命ずることがあります。

●これまでに監理団体の許可が取り消された事案について（主な事例）

事例1
【取消しの理由】
・入国後講習を適切に実施せず、実地検査時に虚偽の入国後講習実施記録の提出等を行ったこと

事例2
【取消しの理由】
・送出機関との間で、技能実習に係る契約の不履行についての違約金契約を締結していたこと

事例3
【取消しの理由】
・自己の名義をもって、他人に監理事業を行わせたこと

事例4
【取消しの理由】
・傘下の実習実施者に対して、監査を適切に行わなかったこと
・認定計画に従って入国後講習を行わなかったこと

第9章　罰則・様式一覧

　技能実習法の規定に違反する行為に対する罰則（機構関係の規定は除く）は次表のとおりです。

　なお、法人の代表者または法人もしくは人の代理人、使用人その他の従業者が、その法人または人の業務に関して次表の罰則（法第54条第4項および法第56条第4項に係るものを除く、169頁参照）の違反行為をしたときは、行為者を罰するほか、その法人または人に対しても、それぞれ本条の罰金刑を科することとされています（両罰規定）。

●罰則（かっこ内は技能実習法の該当条文）

罰則適用事項	内容	量刑	罰則規定
報告徴収等 （第13条第1項） 87頁参照	第13条第1項の規定による報告もしくは帳簿書類の提出もしくは提示をせず、もしくは虚偽の報告もしくは虚偽の帳簿書類の提出もしくは提示をし、またはこれらの規定による質問に対して答弁をせず、もしくは虚偽の答弁をし、もしくはこれらの規定による検査を拒み、妨げ、もしくは忌避した場合	30万円以下の罰金	第112条第1号
改善命令等 （第15条第1項） 87頁参照	第15条第1項の規定による改善命令の処分に違反した場合	6か月以下の懲役または30万円以下の罰金	第111条第1号
実施の届出 （第17条） 88頁参照	第17条の規定による実施の届出をせず、または虚偽の届出をした場合	30万円以下の罰金	第112条第2号
技能実習を行わせることが困難となった場合の届出等 （第19条第1項） 89頁参照	第19条第1項の規定による技能実習継続困難時の届出をせず、または虚偽の届出をした場合	30万円以下の罰金	第112条第3号
技能実習を行わせることが困難となった場合の届出等 （第19条第2項） 89頁参照	第19条第2項の規定による技能実習継続困難時の通知をせず、または虚偽の通知をした場合	30万円以下の罰金	第112条第4号

罰則適用事項	内容	量刑	罰則規定
帳簿の備付け （第20条） 90頁参照	第20条の規定に違反して帳簿書類を作成せず、もしくは事業所に備えておかず、または虚偽の帳簿書類を作成した場合	30万円以下の罰金	第112条第5号
監理団体の許可 （第23条第1項） 95頁参照	第23条第1項の規定に違反して許可を受けずに実習監理を行った場合	1年以下の懲役または100万円以下の罰金	第109条第1号
監理団体の許可 （第23条第1項、第31条第2項または第32条第1項）等 95・135頁参照	偽りその他不正の行為により、許可、許可の有効期間の更新または変更の許可を受けた場合	1年以下の懲役または100万円以下の罰金	第109条第2号
監理団体の許可 （第23条第2項（第31条第5項および第32条第2項において準用する場合を含む））等 95・135頁参照	第23条第2項（第31条第5項および第32条第2項において準用する場合を含む）に規定する申請書であって虚偽の記載のあるものを提出した場合	30万円以下の罰金	第112条第6号
監理団体の許可 （第23条第3項（第31条第5項および第32条第2項において準用する場合を含む））等 95・135頁参照	第23条第3項（第31条第5項および第32条第2項において準用する場合を含む）に規定する書類であって虚偽の記載のあるものを提出した場合	30万円以下の罰金	第112条第6号
監理費 （第28条第1項） 131頁参照	第28条第1項の規定に違反して、手数料または報酬を受けた場合	6か月以下の懲役または30万円以下の罰金	第111条第2号
変更の許可等 （第32条第3項） 135頁参照	第32条第3項の規定による変更の届出をせず、もしくは虚偽の届出をし、または同項に規定する書類であって虚偽の記載のあるものを提出した場合	30万円以下の罰金	第112条第7号

第9章

罰則適用事項	内容	量刑	罰則規定
技能実習の実施が困難となった場合の届出 （第33条第1項） 140頁参照	第33条第1項の規定による技能実習継続困難時の届出をせず、または虚偽の届出をした場合	30万円以下の罰金	第112条第8号
事業の休廃止 （第34条第1項） 141頁参照	第34条第1項の規定による事業の休廃止の届出をしないで、または虚偽の届出をして、監理事業を廃止し、またはその全部もしくは一部を休止した場合	30万円以下の罰金	第112条第9号
報告徴収等 （第35条第1項） 142頁参照	第35条第1項の規定による報告もしくは帳簿書類の提出もしくは提示をせず、もしくは虚偽の報告もしくは虚偽の帳簿書類の提出もしくは提示をし、またはこれらの規定による質問に対して答弁をせず、もしくは虚偽の答弁をし、もしくはこれらの規定による検査を拒み、妨げ、もしくは忌避した場合	30万円以下の罰金	第112条第1号
改善命令等 （第36条第1項） 142頁参照	第36条第1項の規定による改善命令の処分に違反した場合	6か月以下の懲役または30万円以下の罰金	第111条第3号
許可の取消し等 （第37条第3項） 143頁参照	第35条第1項の規定による事業停止命令の処分に違反した場合	1年以下の懲役または100万円以下の罰金	第109条第3号
名義貸しの禁止 （第38条） 144頁参照	自己の名義をもって、他人に監理事業を行わせた場合	1年以下の懲役または100万円以下の罰金	第109条第4号
監理責任者の設置等 （第40条第1項） 145頁参照	第40条の規定に違反して事業所ごとに監理責任者を選任しなかった場合	30万円以下の罰金	第112条第10号
帳簿の備付け （第41条） 146頁参照	第41条の規定に違反して帳簿書類を作成せず、もしくは事業所に備えておかず、または虚偽の帳簿書類を作成した場合	30万円以下の罰金	第112条第11号

罰則適用事項	内容	量刑	罰則規定
秘密保持義務 （第44条） 150頁参照	正当な理由なく、その業務に関して知ることができた秘密を漏らし、または盗用した監理団体の役職員	1年以下の懲役または50万円以下の罰金	第110条
禁止行為 （第46条） 154頁参照	第46条の規定に違反して暴力、脅迫、監禁等による技能実習の強制をした場合	1年以上10年以下の懲役または20万円以上300万円以下の罰金	第108条
禁止行為 （第47条） 154頁参照	第47条の規定に違反して技能実習に係る契約の不履行についての違約金の定め等をした場合	6か月以下の懲役または30万円以下の罰金	第111条第4号
禁止行為 （第48条第1項） 155頁参照	第48条第1項の規定に違反して、技能実習生の意思に反して技能実習生の旅券（パスポート）または在留カードを保管した場合	6か月以下の懲役または30万円以下の罰金	第111条第5号
禁止行為 （第48条第2項） 155頁参照	第48条第2項の規定に違反して、技能実習生に対し、解雇その他の労働関係上の不利益または制裁金の徴収その他の財産上の不利益を示して、技能実習が行われる時間以外における他の者との通信もしくは面談または外出の全部または一部を禁止する旨を告知した場合	6か月以下の懲役または30万円以下の罰金	第111条第6号
申告 （第49条第2項） 155頁参照	第49条第2項の規定に違反して、申告をしたことを理由として、技能実習生に対して技能実習の中止その他不利益な取扱いをした場合	6か月以下の懲役または30万円以下の罰金	第111条第7号
事業協議会 （第54条第4項）	正当な理由なく、その業務に関して知ることができた秘密を漏らし、または盗用した事業協議会の事務に従事する者または従事していた者	1年以下の懲役または50万円以下の罰金	第110条
地域協議会 （第56条第4項）	正当な理由なく、その業務に関して知ることができた秘密を漏らし、または盗用した地域協議会の事務に従事する者または従事していた者	1年以下の懲役または50万円以下の罰金	第110条

●省令様式一覧

No.	様式名	様式番号
1	技能実習計画認定申請書	別記様式第1号
2	技能実習計画認定通知書	別記様式第2号
3	技能実習計画軽微変更届出書	別記様式第3号
4	技能実習計画変更認定申請書	別記様式第4号
5	技能実習計画変更認定通知書	別記様式第5号
6	立入検査証（主務大臣）	別記様式第6号
7	実習実施者届出書	別記様式第7号
8	実習実施者届出受理書	別記様式第8号
9	技能実習実施困難時届出書	別記様式第9号
10	実施状況報告書	別記様式第10号
11	監理団体許可申請書／監理団体許可有効期間更新申請書	別記様式第11号
12	監理事業計画書	別記様式第12号
13	取扱職種範囲等変更命令通知書	別記様式第13号
14	監理団体許可証	別記様式第14号
15	監理団体許可証再交付申請書	別記様式第15号
16	事業区分変更許可申請書及び許可証書換申請書	別記様式第16号
17	変更届出書／変更届出書及び許可証書換申請書	別記様式第17号
18	技能実習実施困難時届出書	別記様式第18号
19	事業廃止届出書／事業休止届出書	別記様式第19号
20	立入検査証（労働基準監督官・船員労務官）	別記様式第20号
21	事業区分変更通知書	別記様式第21号
22	監査報告書	別記様式第22号
23	事業報告書	別記様式第23号
24	立入検査証（機構への立入検査関係）	別記様式第24号

●参考様式一覧

分類	No.	様式名	様式番号
申請（認定）	1	申請者の概要書	参考様式第１－１号
申請（認定）	1	申請者の誓約書	参考様式第１－２号
申請（認定）	1	技能実習生の履歴書	参考様式第１－３号
申請（認定）	1	技能実習責任者・技能実習指導員・生活指導員の履歴書	参考様式第１－４号
申請（認定）	1	技能実習責任者・技能実習指導員・生活指導員の就任承諾書及び誓約書	参考様式第１－５号
申請（認定）	1	技能実習計画の認定に関する取次送出機関の誓約書	参考様式第１－10号
申請（認定）	1	外国の所属機関の概要書及び当該機関による証明書（企業単独型技能実習）	参考様式第１－11号
申請（認定）	1	外国の準備機関の概要書及び誓約書	参考様式第１－13号
申請（認定）	1	雇用契約書及び雇用条件書	参考様式第１－14号
申請（認定）	1	技能実習生の報酬・宿泊施設・徴収費用についての説明書	参考様式第１－16号
申請（認定）	1	技能実習の期間中の待遇に関する重要事項説明書	参考様式第１－19号
申請（認定）	1	技能実習生の申告書	参考様式第１－20号
申請（認定）	1	技能実習の準備に関し本国で支払った費用の明細書	参考様式第１－21号
申請（認定）	1	技能実習を行わせる理由書	参考様式第１－22号
申請（認定）	1	技能実習生の推薦状	参考様式第１－23号
申請（認定）	1	優良要件適合申告書（実習実施者） （別紙を含む）	参考様式第１－24号
申請（認定）	1	理由書（主務大臣が特別に認める技能実習）	参考様式第１－26号
申請（認定）	1	同種業務従事経験等説明書（団体監理型技能実習）	参考様式第１－27号
申請（認定）	1	外国の所属機関による証明書（団体監理型技能実習）	参考様式第１－28号
申請（認定）	1	入国前講習実施（予定）表に関する申請者等の誓約書	参考様式第１－29号
申請（認定）	1	複数の職種及び作業に係る技能実習を行わせる理由書	参考様式第１－30号
申請（認定）	1	申請取下げ書	参考様式第１－31号
申請（認定）	1	協定内容証明書（団体監理型技能実習）	参考様式第１－32号

分類	No.	様式名	様式番号
申請（認定）	1	教育機関の概要書	参考様式第1－33号
申請（認定）	1	訓練実施（予定）表	参考様式第1－34号
申請（認定）	1	申請者の役員に関する誓約書	参考様式第1－36号
申請（認定）	1	省令様式第2号の「5申請者」欄の別紙	参考様式第1－37号
申請（認定）	1	理由書（審査基準に記載のない業務を関連・周辺業務として行わせる場合の理由書）	参考様式第1－38号
申請（認定）	1	技能実習生の個人情報の取扱いに係る同意書	参考様式第1－39号
申請（認定）	1	技能実習期間満了前の帰国についての申告書	参考様式第1－40号
申請（認定）	1	技能実習期間満了前の移行についての申告書	参考様式第1－41号
申請（許可）	2	申請者の概要書	参考様式第2－1号
申請（許可）	2	申請者の誓約書	参考様式第2－2号
申請（許可）	2	申請者の役員の履歴書	参考様式第2－3号
申請（許可）	2	監理責任者の履歴書	参考様式第2－4号
申請（許可）	2	監理責任者の就任承諾書及び誓約書	参考様式第2－5号
申請（許可）	2	外部監査人の概要書	参考様式第2－6号
申請（許可）	2	外部監査人の就任承諾書及び誓約書	参考様式第2－7号
申請（許可）	2	指定外部役員の就任承諾書及び誓約書	参考様式第2－8号
申請（許可）	2	外国の送出機関の概要書	参考様式第2－9号
申請（許可）	2	外国の送出機関が徴収する費用明細書	参考様式第2－10号
申請（許可）	2	監理団体の許可に関する外国の送出機関の誓約書	参考様式第2－11号
申請（許可）	2	外国の送出機関の推薦状	参考様式第2－12号
申請（許可）	2	技能実習計画作成指導者の履歴書	参考様式第2－13号
申請（許可）	2	優良要件適合申告書（監理団体）（別紙1～3を含む）	参考様式第2－14号
申請（許可）	2	申請取下げ書	参考様式第2－15号
申請（許可）	2	団体監理型技能実習の取扱職種の範囲等	参考様式第2－16号
申請（許可）	2	監理団体許可申請の内容変更申出書・監理団体許可条件変更申出書	参考様式第2－17号
届出・報告	3	実習認定取消し事由該当事実に係る報告書	参考様式第3－1号
届出・報告	3	事業再開届出書	参考様式第3－2号
届出・報告	3	許可取消し事由該当事実に係る報告書	参考様式第3－3号
帳簿	4	認定計画の履行状況に係る管理簿	参考様式第4－1号
帳簿	4	技能実習日誌（別紙「技能実習生一覧表」を含む）	参考様式第4－2号

分類	No.	様式名	様式番号
帳簿	4	入国前講習実施記録（企業単独型技能実習） （別紙「技能実習生一覧表」を含む）	参考様式第4－3号
帳簿	4	入国後講習実施記録（企業単独型技能実習） （別紙「技能実習生一覧表」を含む）	参考様式第4－4号
帳簿	4	監理費管理簿	参考様式第4－5号
帳簿	4	雇用関係の成立のあっせんに係る管理簿	参考様式第4－6号
帳簿	4	監査実施概要	参考様式第4－7号
帳簿	4	入国前講習実施記録（団体監理型技能実習） （別紙「技能実習生一覧表」を含む）	参考様式第4－8号
帳簿	4	入国後講習実施記録（団体監理型技能実習） （別紙「技能実習生一覧表」を含む）	参考様式第4－9号
帳簿	4	訪問指導記録書	参考様式第4－10号
帳簿	4	団体監理型技能実習生からの相談対応記録書	参考様式第4－11号
帳簿	4	外部監査報告書 （別紙「外部監査実施概要」を含む）	参考様式第4－12号
帳簿	4	外部監査報告書（同行監査）	参考様式第4－13号
帳簿	4	外部役員確認書 （別紙「外部役員による確認概要」を含む）	参考様式第4－14号
帳簿	4	報酬支払証明書	参考様式第4－15号
講習	5	監理責任者等講習実施申込書	参考様式第5－1号
講習	5	技能実習責任者講習等実施申込書	参考様式第5－2号
講習	5	監理責任者等講習実施日程書	参考様式第5－3号
講習	5	技能実習責任者講習等実施日程書	参考様式第5－4号
講習	5	監理責任者等講習受講証明書	参考様式第5－5号
講習	5	技能実習責任者講習受講証明書	参考様式第5－6号
講習	5	技能実習指導員講習受講証明書	参考様式第5－7号
講習	5	生活指導員講習受講証明書	参考様式第5－8号
講習	5	監理責任者等講習受講者名簿	参考様式第5－9号
講習	5	技能実習責任者講習等受講者名簿	参考様式第5－10号
講習	5	監理責任者等講習理解度テスト実施状況報告書	参考様式第5－11号
講習	5	技能実習責任者講習等理解度テスト実施状況報告書	参考様式第5－12号
講習	5	監理責任者等講習機関更新申込書	参考様式第5－13号
講習	5	技能実習責任者講習等機関更新申込書	参考様式第5－14号

（参考）入管法による出入国管理規制の概要

第1　外国人のわが国への入国手続

　わが国に入国またはわが国から出国するすべての人の出入国は、入管法で規定されています。すなわち、入管法第1条において同法の目的は、「わが国に入国し、またはわが国から出国するすべての人の出入国およびわが国に在留するすべての外国人の在留の公正な管理を図るとともに、難民の認定手続を整備する」旨が規定されています。

●入国と上陸

　入管法では、出入国に関わる用語の定義が定められていますが、その中に「入国」と「上陸」という用語があります。「入国」とは、わが国の領土、領海、領空を含めた領域に入ることをいいます。これに対して、「上陸」は、わが国の領土（陸域）への上陸を指します。

●旅券（パスポート）と査証（ビザ）

　また、外国人がわが国に合法的に上陸するにあたって必要な書類・手続に、旅券（パスポート）と査証（ビザ）があります。「旅券（パスポート）」は、本人の身元を明らかにし、入国先に滞在中の便宜や安全のための措置を講ずるよう要請した、出国する側の国が発行した渡航文書を指し、世界のほとんどの国が、外国人の入国、滞在を許可する条件の一つとして、この旅券（パスポート）の携帯および呈示を求めています。

　一方、「査証（ビザ）」は、海外にある日本大使館や領事館が外国人の渡航目的等を確認し、その人物の所持する旅券（パスポート）が有効で、その人物が入国しても差し支えないことを示す証書のことをいいます。わが国での滞在期間が3か月以内で、収入を得る活動を行わない場合には、査証（ビザ）を必要としないとされている国や地域もあります。

　なお、後記する、再入国許可、みなし再入国許可あるいは査証（ビザ）免除措置等の一部の例外を除いて、入管法上有効な査証（ビザ）の所持がわが国への「上陸申請」の要件の一つになっていますが、査証（ビザ）があれば必ず入国が許可されるわけではありません。

●外国人をわが国に招く際の手続

　さらに、外国人をわが国に招く際の手続は、次のとおりとなります。

①　短期滞在目的で招へいする場合（親族や友人、取引先企業の従業員などを滞在期間3か月以内で招へいし報酬を支払わない場合）には、招へい理由書と滞在予定表等が必要です。旅費や滞在費を査証（ビザ）申請人（旅行者本人）ではなく日本側が支払う場合には、前記に加えて身元保証書等が必要になります。なお、旅費や滞在費を査証（ビザ）申請人が支払う場合であっても、国籍によっては身元保証書等が必要な場合もあります。

②　長期滞在（配偶者、就業、就学等）目的で招へいする場合には、最寄りの地方出入国在留管理局に「在留資格認定証明書」の交付申請をすることが望ましいといえます。

③　②までの書類がそろったら、それらを査証（ビザ）申請人あてに郵送します。

また、査証（ビザ）を申請するためには、次の3とおりの方法があります。

①　査証（ビザ）申請人本人の場合は、直接日本大使館または総領事館で申請します。

②　委任状を所持した代理人の場合は、日本大使館または総領事館で申請します。

③　日本大使館または総領事館が承認した代理申請機関で申請します。

ただし、各国・地域の事情により、本人の出頭のみを原則としている場合や、代理申請機関経由のみを原則としている場合もありますので、申請予定の日本大使館または総領事館にあらかじめ確認することが必要です。

●在留資格認定証明書に係る手続

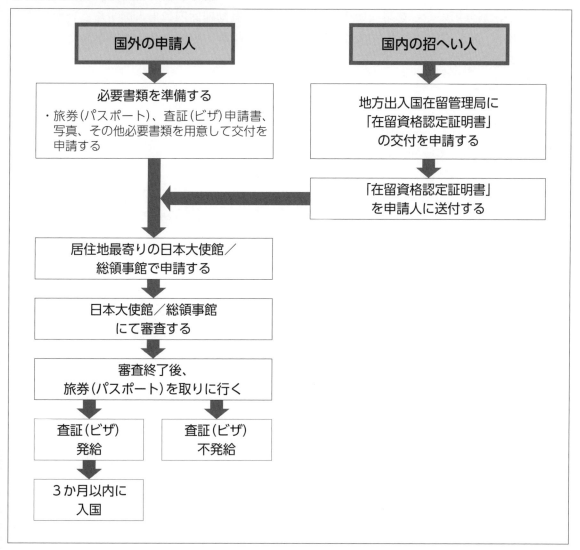

●在留資格認定証明書

わが国に上陸しようとする外国人（短期滞在の活動を行おうとする者を除く）から、あら

かじめ上陸の申請があったときは、法務大臣はその外国人がわが国への入国審査にあたっての条件に適合している旨の証明書を交付します。この証明書のことを「在留資格認定証明書」といいます。この在留資格認定証明書では、在留資格に係る上陸条件について、法務大臣の事前審査を終了しているものとして取り扱われるため、査証（ビザ）の発給はその分迅速に行われるというメリットがあります。

●再入国

　就労や長期滞在目的でわが国に在留する外国人が、わが国を出国する前に出入国在留管理庁において、再入国許可を受けた場合またはみなし再入国許可により出国した場合は、再入国にあたり、通常必要とされる査証（ビザ）が免除されます。なお、日本大使館または総領事館において再入国許可を取得することはできません。ただし、再入国許可を受けて出国した外国人が、病気等のやむを得ない事情により、その有効期間内に再入国することができない場合には、「再入国許可の有効期間の延長許可」を日本大使館または総領事館において申請することができます。

●再入国許可

　わが国に在留する外国人が一時的に出国し、再びわが国に入国しようとする場合には、再入国許可が必要です。「再入国許可」とは、入国・上陸手続を簡略化するために、法務大臣が出国に先立って与える許可のことをいいます。

　わが国に在留する外国人が再入国許可を受けずに出国した場合には、その外国人が有していた在留資格および在留期間は消滅してしまいますので、わが国に再入国しようとする場合、入国に先立って新たに査証（ビザ）を取得したうえで上陸申請を行い、上陸審査手続を経て上陸許可を受けることになります。

　これに対し、再入国許可を受けた外国人は、再入国時の上陸申請にあたり、通常必要とされる査証（ビザ）が免除されます。また、上陸後は従前の在留資格および在留期間が継続しているものとみなされます。なお、再入国許可には、1回限り有効のものと、有効期間内であれば何回も使用できる数次有効のものの2種類があり、その有効期間は、現に有する在留期間の範囲内で5年間を最長として決定されます。

●みなし再入国許可

　また、わが国に在留資格をもって在留する外国人で有効な旅券（パスポート）を所持していて、3か月以下の在留期間を決定された人および「短期滞在」の在留資格をもって在留する人以外の人が、出国の日から1年以内に再入国する場合には、原則として通常の再入国許可の取得は不要となります。これを「みなし再入国許可」といいます。みなし再入国許可の有効期間は、出国の日から1年間となりますが、在留期限が出国の日から1年を経過する前に到来する場合には、在留期限までとなります。

　なお、わが国では、これまで68の国・地域に対して、査証（ビザ）を取得することなく入国を認める措置である「査証（ビザ）免除措置」を実施してきましたが、新型コロナウイルス感染症に対する水際対策のため、一部の国・地域を除き、この査証（ビザ）免除措置を当分の間停止しています（令和3（2021）年11月1日現在）。

第2　在留資格制度

　わが国では外国人の出入国を管理する制度として、入管法において「在留資格制度」を採用しています。これは、あらかじめいくつかの在留資格を規定し、規定に適合しない外国人の入国を拒否し、査証（ビザ）の発給を停止して国内外への出入国を管理する仕組みです。このため、わが国に在留する外国人は、現在のところ設定されている29種類（特定技能と技能実習はそれぞれ1つとカウント）の在留資格のいずれかを取得することが必要で、それぞれの在留資格に応じた活動をその在留期間の間に行うことが認められています。

　在留資格は、「活動に基づく在留資格」と「身分または地位に基づく在留資格」の2つに大別されます。このうち、前者の「活動に基づく在留資格」は、さらに「各在留資格に定められた範囲での就労が可能な在留資格」「就労できない在留資格」「個々の外国人に与えられた許可の内容により就労の可否が決められる在留資格」の3つに区分されます。また、後者の「身分または地位に基づく在留資格」は、活動に制限はありませんので、いわゆる単純労働も含めて就労は可能になっています。

在留資格	該当例	在留期間
外交	外国政府の大使、公使、総領事、構成員等およびその家族	外交活動の期間
公用	外国政府の大使館・領事館の職員、国際機関等から公の用務で派遣される者およびその家族	5年、3年、1年、3か月、30日または15日
教授	大学教授等	5年、3年、1年または3か月
芸術	作曲家、画家、著述家等	5年、3年、1年または3か月
宗教	外国の宗教団体から派遣される宣教師等	5年、3年、1年または3か月
報道	外国の報道機関の記者、カメラマン	5年、3年、1年または3か月
高度専門職	ポイント制による高度人材	1号は5年、2号は無期限
経営・管理	企業等の経営者・管理者	5年、3年、1年、6か月、4か月または3か月
法律・会計業務	弁護士、公認会計士等	5年、3年、1年または3か月
医療	医師、歯科医師、看護師	5年、3年、1年または3か月
研究	政府関係機関や私企業等の研究者	5年、3年、1年または3か月
教育	中学校・高等学校等の語学教師等	5年、3年、1年または3か月
技術・人文知識・国際業務	機械工学等の技術者、通訳、デザイナー、私企業の語学教師、マーケティング業務従事者等	5年、3年、1年または3か月
企業内転勤	外国の事業所からの転勤者	5年、3年、1年または3か月

在留資格	該当例	在留期間
介護	介護福祉士	5年、3年、1年または3か月
興行	俳優、歌手、ダンサー、プロスポーツ選手等	5年、3年、1年、6か月、3か月または15日
技能	外国料理の調理師、スポーツの指導者、航空機の操縦者、貴金属等の加工職人等	5年、3年、1年または3か月
特定技能1号	特定産業分野に属する相当程度の知識または経験を要する技能を要する業務に従事する外国人	1年、6か月または4か月
特定技能2号	特定産業分野に属する熟練した技能を要する業務に従事する外国人	3年、1年または6か月
技能実習1号	技能実習生	法務大臣が個々に指定する期間（1年を超えない範囲）
技能実習2号		法務大臣が個々に指定する期間（2年を超えない範囲）
技能実習3号		法務大臣が個々に指定する期間（2年を超えない範囲）
文化活動	日本文化の研究者等	3年、1年、6か月または3か月
短期滞在	観光客、会議参加者等	90日もしくは30日または15日以内の日を単位とする期間
留学	大学、短期大学、高等専門学校、高等学校、中学校および小学校等の学生・生徒	4年3か月、4年、3年3か月、3年、2年3か月、2年、1年3か月、1年、6か月または3か月
研修	研修生	1年、6か月または3か月
家族滞在	在留外国人が扶養する配偶者・子	5年、4年3か月、4年、3年3か月、3年、2年3か月、2年、1年3か月、1年、6か月または3か月
特定活動	外交官等の家事使用人、ワーキング・ホリデー、経済連携協定に基づく外国人看護師・介護福祉士候補者等	5年、3年、1年、6か月、3か月または法務大臣が個々に指定する期間（5年を超えない範囲）
永住者	法務大臣から永住許可を受けた者（入管特例法の「特別永住者」を除く）	無期限
日本人の配偶者等	日本人の配偶者・子・特別養子	5年、3年、1年または6か月

在留資格	該当例	在留期間
永住者の配偶者等	永住者・特別永住者の配偶者およびわが国で出生し引き続き在留している子	5年、3年、1年または6か月
定住者	第三国定住難民、日系3世、中国残留邦人等	5年、3年、1年、6か月または法務大臣が個々に指定する期間（5年を超えない範囲）

●新しい在留管理制度

　平成24（2012）年7月9日に、新しい「在留管理制度」が設けられました。これは、わが国内に在留資格をもって中長期在留する外国人を対象として、その在留状況を継続的に把握するために導入された制度です。この制度の対象者には、在留カードが交付されます。在留カードには、氏名等の基本的な身分事項や在留資格、在留期間が記載され、顔写真が貼付されます。この在留管理制度の導入に伴い、外国人登録制度は廃止されました。新しい在留管理制度の対象となる「中長期在留者」とは、次の①から⑥にあてはまらない外国人です。

① 「3か月」以下の在留期間が決定された人
② 「短期滞在」の在留資格が決定された人
③ 「外交」または「公用」の在留資格が決定された人
④ ①〜③の外国人に準じるものとして法務省令で定める人
⑤ 特別永住者
⑥ 在留資格を有しない人

　具体的には、日本人と結婚している外国人や日系人（「日本人の配偶者等」や「定住者」としての在留資格を有する人）、企業等に勤務する人（「技術・人文知識・国際業務」等の在留資格を有する人）、技能実習生、留学生や永住者が対象となり、観光目的等でわが国に短期滞在する外国人は対象となりません。

　なお、中長期在留者は、住居地を変更したときは、変更した日から14日以内に所定の手続をする必要があります。中長期在留者は、移転後の市町村の長に対して在留カードを提出したうえで、市町村長を経由して出入国在留管理庁長官に対して移転後の住居地を届け出なければなりません。

●特定技能

　在留資格の「特定技能」とは、わが国で深刻化する人手不足に対応するため、生産性向上や国内人材の確保のための取組みを行ってもなお人材を確保することが困難な状況にある産業上の特定分野において、一定の専門性・技能を有し、即戦力となる外国人労働者を受け入れる制度です。平成30（2018）年12月に「出入国管理及び難民認定法及び法務省設置法の一部を改正する法律」が成立し、翌年4月から施行され、新たな在留資格として設けられました。この特定技能には、相当程度の知識または経験を必要とする技能を要する特定技能1号と、熟練した技能を要する特定技能2号があります。なお、技能実習を良好に修了すると、この特定技能への移行が可能とされています。

◉特定技能1号と特定技能2号の比較

	特定技能1号	特定技能2号
趣旨	特定産業分野に属する相当程度の知識または経験を必要とする技能を要する業務に従事する外国人向けの在留資格	特定産業分野に属する熟練した技能を要する業務に従事する外国人向けの在留資格
特定産業分野（14分野）	介護、ビルクリーニング、素形材産業、産業機械製造業、電気・電子情報関連産業、建設、造船・舶用工業、自動車整備、航空、宿泊、農業、漁業、飲食料品製造業、外食業（特定技能2号は下線を引いた、「建設」、「造船・舶用工業」の2分野のみ受入れ可）	
在留期間	1年、6か月または4か月ごとの更新、通算で上限5年まで	3年、1年、または6か月ごとの更新
技能水準	試験等で確認（技能実習2号を修了した外国人は試験等免除）	試験等で確認
日本語能力水準	生活や業務に必要な日本語能力を試験等で確認（技能実習2号を修了した外国人は試験等免除）	試験等での確認は不要
家族の帯同	基本的に認めない	要件を満たせば可能（配偶者、子）
受入機関または登録支援機関による支援	対象	対象外

第3　外国人のわが国での就労

　海外に在住する外国人をわが国に入国させて就労してもらう際の手続については、前記の174頁のとおりです。

　これに対して、わが国内ですでに就労資格を有する外国人を雇用する場合、入管法上、就労が認められている活動の内容を証するものとして、外国人本人が申請した場合には、「就労資格証明書」が交付されます。すなわち、出入国在留管理庁長官は、わが国に在留する外国人から申請があったときは、その外国人が行うことができる収入を伴う事業を運営する活動または報酬を受ける活動を証明する文書を交付することができるとされています。この証明書の意義は、すでにわが国で就労している外国人労働者が転職する際に、新しい次の職場での職務の内容が、現在所有している在留資格と同様にあてはまるかどうかをあらかじめ確認してもらうことにあります。

　この就労資格証明書の手続対象者は、就労することが認められている外国人で、申請者は次のいずれかです。

① 申請者本人
② 申請の取次ぎの承認を受けている申請人から依頼を受けた者（申請人が経営している機関または雇用されている機関の職員等）
③ 地方出入国在留管理局長に届け出た弁護士または行政書士で、申請人から依頼を受けた者
④ 申請者本人の法定代理人

就労資格証明書の交付を受けるときは1,200円が必要（収入印紙で納付）になります。

また、外国人が、与えられていた在留資格に該当する活動を行いながら、その在留資格に許容されている活動以外の就労等で報酬を受けることができる出入国在留管理庁長官の許可を「資格外活動許可」といいます。この資格外活動許可の手続対象者は、現に有している在留資格に属さない収入を伴う事業を運営する活動または報酬を受ける活動を行おうとする外国人で、申請者は次のいずれかです。

① 申請者本人
② 申請の取次ぎの承認を受けている申請人から依頼を受けた者（申請人が経営している機関または雇用されている機関の職員等）
③ 地方出入国在留管理局長に届け出た弁護士または行政書士で、申請人から依頼を受けた者
④ 申請者本人の法定代理人

この許可申請にあたって手数料はかかりません。

第4　法務省出入国在留管理庁

法務省の出入国在留管理庁は、外国人や日本人の出入国審査のほか、わが国に在留する外国人の在留管理、外国人の退去強制、難民の認定、外国人登録等の業務を担当しています。具体的な組織として、入国管理センター（2か所）、地方機関として地方出入国在留管理局（8か所）、同支局（7か所）および出張所（63か所）が設置されています。

●出入国在留管理局の管轄

地方出入国在留管理局	管轄	出張所
札幌出入国在留管理局	北海道	5か所
仙台出入国在留管理局	宮城県、福島県、山形県、岩手県、秋田県、青森県	6か所
東京出入国在留管理局	東京都、埼玉県、千葉県、茨城県、栃木県、群馬県、山梨県、長野県、新潟県	12か所
横浜支局 成田空港支局 羽田空港支局	神奈川県 成田空港 羽田空港	1か所

名古屋出入国在留管理局	愛知県、三重県、静岡県、岐阜県、福井県、富山県、石川県	8か所
中部空港支局	中部空港	
大阪出入国在留管理局	大阪府、京都府、奈良県、滋賀県、和歌山県	6か所
神戸支局 関西空港支局	兵庫県 関西空港	1か所
広島出入国在留管理局	広島県、山口県、岡山県、鳥取県、島根県	7か所
高松出入国在留管理局	香川県、愛媛県、徳島県、高知県	3か所
福岡出入国在留管理局	福岡県、佐賀県、長崎県、大分県、熊本県、鹿児島県、宮崎県	10か所
那覇支局	沖縄県	4か所

第5　入管法上の違反行為

●退去強制

　外国人がわが国に不法に入国したり、在留許可の範囲を超えて滞在したりするなどの場合には、入管法に規定する「退去強制」事由に該当します。このような外国人を行政手続により、わが国の領域外に強制的に退去させることを「退去強制」といいます。退去強制に該当する外国人には「退去強制令書」が発付されます。退去強制令書が発付されると、出入国在留管理庁に所属する入国警備員は、退去強制を受ける外国人に退去強制令書またはその写しを示して、速やかにその外国人を送還することになっています。退去強制された外国人に対しては、原則として退去強制された日から5年間は上陸拒否期間とされていますが、過去にわが国から退去強制されたり、出国命令を受けて出国したりしたことがある外国人の場合は、上陸拒否期間は退去強制された日から10年間とされています。

●在留資格の取消し

　「在留資格の取消し」とは、わが国に在留する外国人が、偽りその他不正の手段により上陸許可の証印等を受けた場合や、在留資格に基づく本来の活動を一定期間行わないで在留していた場合などに、その外国人の在留資格を取り消す制度です。次のような場合に、外国人が現に有する在留資格を取り消すことができます。

①　偽りその他不正な手段により、上陸拒否事由の該当性に関する入国審査官の判断を誤らせて上陸許可の証印等を受けた場合

②　①の他、偽りその他不正な手段により、わが国で行おうとする活動を偽り、上陸許可の証印等を受けた場合（たとえば、わが国で単純労働を行おうとする者が「技術」の在留資格に該当する活動を行う旨を申告した場合）またはわが国で行おうとする活動以外の事実を偽り、上陸許可の証印等を受けた場合（たとえば、申請人が自身の経歴を偽っ

た場合）

③　①または②に該当する以外の場合で、不実の書類を提出して上陸許可の証印等を受けた場合。この場合、偽りその他不正の手段によることは要件となっておらず、申請人に故意があることは要しない。

④　偽りその他不正な手段により、在留特別許可（退去強制となっている外国人に法務大臣が特別に在留資格を与える制度）を受けた場合

⑤　入管法の在留資格（注）をもって在留する外国人が、その在留資格に係る活動を行っておらず、しかも他の活動を行いまたは行おうとして在留している場合（ただし、正当な理由がある場合を除く）

⑥　入管法の在留資格（注）をもって在留する外国人が、その在留資格に係る活動を継続して3か月以上行っていない場合（ただし、その活動を行わないで在留していることについて、正当な理由がある場合を除く）

⑦　日本人の配偶者等の在留資格をもって在留する外国人（日本人の子および特別養子を除く）または永住者の配偶者等の在留資格をもって在留する外国人（永住者等の子を除く）が、その配偶者としての活動を継続して6か月以上行っていない場合（ただし、その活動を行わないで在留していることについて、正当な理由がある場合を除く）

⑧　上陸の許可または在留資格の変更許可等により、新たに中長期在留者となった外国人が、その許可を受けてから90日以内に、出入国在留管理庁長官に住居地の届出をしない場合（ただし、届出をしないことについて、正当な理由がある場合を除く）

⑨　中長期在留者が、出入国在留管理庁長官に届け出た住居地から退去した日から90日以内に、出入国在留管理庁長官に新しい住居地の届出をしない場合（ただし、届出をしないことについて、正当な理由がある場合を除く）

⑩　中長期在留者が、出入国在留管理庁長官に虚偽の住居地を届け出た場合

（注）「外交」「公用」「教授」「芸術」「宗教」「報道」「経営・管理」「法律・会計業務」「医療」「研究」「教育」「技術・人文知識・国際業務」「企業内転勤」「興行」「技能」「技能実習」「文化活動」「短期滞在」「留学」「研修」「家族滞在」「特定活動」の22の在留資格

●出国命令

わが国に滞在する不法残留者を自主的に出頭させ、出国させるための措置として、「出国命令」制度があります。これは、平成16（2004）年の入管法改正で創設され、同年12月に実施されました。

この出国命令制度の対象者は、不法在留者であることが前提で、この適用を受けるためには次の要件をすべて満たす必要があります。

①　速やかに出国する意思をもって自ら入国管理官署に出頭したこと

②　不法残留以外の退去強制事由に該当しないこと

③　窃盗罪等の一定の罪により懲役または禁錮に処せられたものでないこと

④　過去に退去強制されたことまたは出国命令を受けて出国したことがないこと

⑤　速やかにわが国から出国することが確実と見込まれること

なお、出国命令を受けてわが国から出国した者は、原則として出国した日から1年間は入国できません。

●不法就労

「不法就労」とは、次のような場合をいいます。

①　わが国に不法に入国・上陸したり、在留期間を超えて不法に残留したりするなどして、正規の在留資格を持たない外国人が行う収入を伴う活動

②　正規の在留資格を持っている外国人でも、許可を受けずに、与えられた在留資格以外の収入を伴う事業を運営する活動または報酬を受ける活動

また、働くことが認められていない外国人を雇用した事業主や不法就労をあっせんした場合は、「不法就労助長罪」に問われることになります。この場合、罰則として、3年以下の懲役もしくは300万円以下の罰金またはその併科が規定されています。なお、外国人の雇用時にその外国人が不法就労者であることを知らなくても、在留カードの確認をしない等の過失がある場合には処罰の対象となります。さらに、その外国人を罰するだけでなく、その雇用主等に対しても罰金刑が科せられます。

第6　外国人を雇用する事業主の義務と責任

外国人を雇用するにあたっての労務管理については、「外国人の雇用管理の改善等に関して事業主が適切に対処するための指針」（平成19（2007）年8月3日 厚生労働省告示第276号）において、事業主が努めるべきことが定められています。その概略は、次のとおりです。

①　募集・採用時：国籍で差別しない公平な採用選考を行うこと。日本国籍でないこと、外国人であることのみを理由に、求人者が採用面接等への応募を拒否することは、公平な採用選考の観点から適切ではありません。

②　法令の適用：労働基準法や健康保険法等の労働関係法令および社会保険関係法令は、国籍を問わず外国人にも適用されます。また、労働条件面での国籍による差別も禁止されています。

③　適正な人事管理：労働契約の締結に際し、給与、労働時間等の主要な労働条件について書面等で明示することが必要です。その際、母国語等により外国人が理解できるような方法で示すように努めること。給与の支払い、労働時間管理、安全衛生の確保等については、労働基準法、最低賃金法、労働安全衛生法等に従って適切に対応すること。人事管理にあたっては、職場で求められる資質、能力等の従業員像の明確化、評価・給与決定、配置等の運用の透明性・公正性を確保し、環境の整備に努めていること。

④　解雇等の予防および再就職援助：労働契約法に基づき解雇や雇止めが認められない場合があります。安易な解雇等を行わないようにするほか、やむを得ず解雇等を行う場合には、再就職希望者に対して在留資格に応じた再就職が可能になるよう、必要な援助を行うよう努めること。なお、業務上の負傷や疾病の療養期間中の解雇や、妊娠や出産等

を理由とした解雇は禁止されています。

●二重加入の防止

　海外で働く場合は、働いている国の社会保障制度に加入する必要がありますが、わが国から海外に派遣された企業の駐在員等については、わが国の社会保障制度との保険料を二重に負担しなければならない場合が生じています。また、わが国や海外の年金を受け取るためには、一定の期間その国の年金に加入しなければならない場合があるため、その国で負担した年金保険料が年金受給につながらないことがあります。

　このことを踏まえ、社会保障協定は、保険料の二重負担を防止するために加入すべき制度を二国間で調整する（二重加入の防止）、年金受給資格を確保するために両国の年金制度への加入期間を通算することにより、年金受給のために必要とされる加入期間の要件を満たしやすくする（年金加入期間の通算）ことを目的として締結されています。

　令和3（2021）年10月時点における、社会保障協定の発効状況は次表のとおりです。わが国は23か国と協定を署名済みで、うち20か国は発効済みです。なお、イギリス、韓国および中国との協定については、「二重加入の防止」のみとなっています。

◉社会保障協定発効国（令和3（2021）年10月現在）

○年金加入期間の通算 ○二重加入の防止 （17か国）	ドイツ、アメリカ、ベルギー、フランス、カナダ、オーストラリア、オランダ、チェコ、スペイン、アイルランド、ブラジル、スイス、ハンガリー、インド、ルクセンブルク、フィリピン、スロバキア
○二重加入の防止のみ （3か国）	イギリス、韓国、中国

第7　その他

　外国人の雇入れおよび離職の際には、事業主は、その外国人の氏名、在留資格等を厚生労働大臣（ハローワーク）に届け出ることが義務付けられています。外国人雇用状況の届出に際しては、外国人労働者の在留カードまたは旅券（パスポート）等の提示を求め、届け出る事項を確認します。在留資格・期間、在留期限、資格外活動許可の有無等を確認するなどして、雇用することができる外国人であるか否かを確認します。

◉事業主の外国人雇用状況の届出義務

	雇用保険の被保険者となる外国人の場合	雇用保険の被保険者とならない外国人の場合
届出対象となる外国人	わが国の国籍を有しない外国人で、在留資格「外交」「公用」以外の者（「特別永住者」を除く）	

届出の方法	雇入れ時：雇用保険被保険者資格取得届による届出 離職時：雇用保険被保険者資格喪失届による届出	雇入れ時・離職時：外国人雇用状況届出書（様式第3号）による届出
届出先	雇用保険の適用を受けている事業所を管轄するハローワーク	その外国人が勤務する事業所施設（支店、店舗、工場等）の住所を管轄するハローワーク
届出期限	雇用保険被保険者資格取得届および同喪失届もそれぞれの届書の提出期限と同じ	雇入れ、離職の場合とも翌月の末日まで
届出事項の確認方法	外国人労働者の在留カードまたは旅券（パスポート）等の提示を求め、確認する。	

●在留カード

　「在留カード」とは、中長期在留者に対し、上陸許可や在留資格の変更許可、在留期間の更新等の在留に係る許可を伴って交付されるもので、外国人は常時携帯することが義務付けられています。在留カードには、顔写真が貼付されるほか、氏名、生年月日、性別、国籍・地域、住居地、在留資格、在留期間、許可の種類、許可の年月日、在留カードの番号、有効期間満了日、就労の可否等が記載されます。

　在留カードの確認時のポイントは次のとおりです。

①　在留カードの有無を確認：在留カードのコピーでは内容を改ざんされるおそれがあるので、身分確認のときは必ず、実物の在留カードで確認すること

②　在留カード表面の「就労制限の有無欄」を確認：「就労制限なし」の場合、就労内容に制限はありませんが、「就労不可」の場合は、原則として雇用できません。在留カード裏面の「資格外活動許可欄」を確認して、一部就労制限がある場合は制限内容を確認すること

③　在留カード裏面の「資格外活動許可欄」を確認：在留カード表面の「就労制限の有無欄」に「就労不可」または「在留資格に基づく就労活動のみ可」と記載のある外国人であっても、裏面の「資格外活動許可欄」に記載された制限に基づき就労することができる場合があるので、確認すること

●仮放免

　「仮放免」とは、すでに退去強制されることが決定した人や入管法違反の疑いで退去強制手続中の外国人が、本来であれば出入国在留管理庁の収容施設に収容されるべきところ、健康上等の理由により一時的に収容を解かれることです。仮放免は在留許可とは異なり、基本的には就労はできません。

●参照ホームページ

（参考）入管法による出入国管理規制の概要の執筆にあたっては、以下の省庁等のホームページを参照しました。

▶出入国在留管理庁
https://www.moj.go.jp/isa/applications/guide/nyukoku_flow.html
https://www.moj.go.jp/isa/applications/guide/visa.html
https://www.moj.go.jp/isa/applications/guide/ryoken.html
https://www.moj.go.jp/isa/content/930006066.pdf
https://www.moj.go.jp/isa/applications/guide/sainyukoku.html
https://www.moj.go.jp/isa/applications/guide/minashisainyukoku.html
https://www.moj.go.jp/isa/applications/guide/qaq5.html
https://www.moj.go.jp/isa/publications/materials/newimmiact_1_index.html
https://www.moj.go.jp/isa/content/001335263.pdf
https://www.moj.go.jp/isa/applications/procedures/16-9.html
https://www.moj.go.jp/isa/applications/procedures/16-8.html
https://www.moj.go.jp/isa/about/region/index.html
https://www.moj.go.jp/isa/applications/guide/tetuduki_taikyo_reisyo.html
https://www.moj.go.jp/isa/applications/guide/torikeshi.html
https://www.moj.go.jp/isa/applications/guide/tetuduki_taikyo_syutukoku.html
https://www.moj.go.jp/isa/applications/guide/tetuduki_taikyo_syuuyou.html

▶外務省
https://www.mofa.go.jp/mofaj/toko/visa/faq.html#q1-2
https://www.mofa.go.jp/mofaj/toko/visa/nagare/tanki.html
https://www.mofa.go.jp/mofaj/toko/visa/faq.html#q1-5
https://www.mofa.go.jp/mofaj/ca/fna/page4_005130.html

▶警視庁
https://www.keishicho.metro.tokyo.lg.jp/kurashi/anzen/live_in_tokyo/tekiseikoyo.html

▶厚生労働省
https://www.mhlw.go.jp/content/000690017.pdf

▶日本年金機構
https://www.nenkin.go.jp/service/shaho-kyotei/20141125.html

編著者　鈴木 政司（すずき まさし）

社会保険労務士・中小企業診断士。
昭和30（1955）年、静岡県に生まれる。
東京大学文学部社会学科を卒業後、明治
生命保険相互会社（現在は明治安田生命
保険相互会社）に勤務。同社を定年退職
後に独立し、企業・団体に対する労務支
援、研修講師、執筆等で活動中。

**外国人技能実習
管理マニュアル**　　　　　　〈不許複製〉

令和4（2022）年 1 月14日発行

編著者　　鈴木政司
発行所　　年友企画株式会社
　　　　　〒101-0047
　　　　　東京都千代田区内神田2-15-9　The Kanda282
　　　　　TEL：03-3256-1711　FAX：03-3256-8928
　　　　　https://www.nen-yu.co.jp/